Cornelia Wenzel

FRAUEN FINDEN IHRE GESCHICHTE

Vier Jahrzehnte Archiv der deutschen Frauenbewegung

Cornelia Wenzel:
Frauen finden ihre Geschichte.
Vier Jahrzehnte Archiv der deutschen Frauenbewegung, 1. Auflage, Kassel 2024
(Schriftenreihe des Archivs der deutschen Frauenbewegung, Bd. 16)
Hg.: Archiv der deutschen Frauenbewegung

LAYOUT, SATZ UND COVER Milena Albiez | www.milenaalbiez.de
REDAKTION UND LEKTORAT Laura Schibbe, Dr.in Kerstin Wolff mit Unterstützung von Silke Mehrwald, Dr.in Elke Schüller, Christina Soose, Dr.in Barbara Wagner, Jacqueline Weil, Chiara Wendt
DRUCK Gutenberg Beuys Feindruckerei, Langenhagen
SCHRIFTEN DINdong, Adelle Sans

ISBN 978-3-926068-33-0
ISSN 0930-4444

→ Zitat Umschlag:
Judith Holofernes 2005, Song mit Wir sind Helden.
https://kurzelinks.de/o81d Zugriff 26.11.2023.

Wir danken Judith Holofernes für die freundliche Abdruckgenehmigung.

SCHRIFTENREIHE DES
ARCHIVS DER DEUTSCHEN FRAUENBEWEGUNG
BAND 16

Herausgegeben vom
Archiv der deutschen Frauenbewegung

VOR

LIEBE LESER:INNEN,

Sie haben die Festschrift zum 40sten Geburtstag des AddF aufgeschlagen und sind sicherlich gespannt und neugierig, was Sie auf den nun folgenden Seiten erfahren werden. Zu diesem Jubiläum ist eine erste Fassung der Geschichte des AddF entstanden, die damit auch einen wichtigen Teil der deutschen Frauenbewegungsgeschichte aufzeigt. Gegliedert ist dieser Text in vier bunte feministische Dekaden, in denen die Geschichte des AddF erzählt wird.

Als der runde Geburtstag immer näherkam, haben wir im Leitungsteam überlegt, wie eine Festschrift zu diesem Anlass aussehen könnte. Allerdings wurde uns schnell klar, dass dieses Unterfangen nicht ganz leicht werden würde. Denn es steht ja immer die Frage im Raum, wer ein solches Werk schreiben kann und soll. Wir waren uns schnell einig: Eine Person aus dem heutigen Leitungsteam oder eine Mitarbeiterin sollte und konnte es nicht sein. Viel zu sehr stecken alle im alltäglichen Geschäft und die Fähigkeit, große Zusammenhänge zu entdecken und besondere Entwicklungen aufzuschreiben, verliert sich leicht. Gleichzeitig sollte es keine reine Forschungsarbeit mit einer distanzierten Perspektive werden. Es wurde also eine Person gesucht, die das AddF sehr gut kennt und trotzdem nicht mehr den Alltag mitgestaltet. Gefunden haben wir diese in unserer ehemaligen Kollegin Cornelia Wenzel, die sowohl zur Gründerinnengruppe gehört als auch langjährig im AddF an verantwortungsvoller Stelle mitgewirkt hat. Inzwischen ist sie über vier Jahre im berühmten ‚Unruhestand' und hat nach ihrem Wegzug aus Kassel so viel Abstand zum AddF, dass sie die Aufgabe der Chronistin übernehmen konnte und wollte – im engen Austausch mit uns.

Da es nicht nur eine Geschichte des AddF gibt, war es uns wichtig, auch individuelle Erinnerungen mit aufzunehmen. Wir konnten Elke Schüller gewinnen, zahlreiche ehemalige Kolleginnen zu interviewen und freuen uns, die daraus gewonnene •Vielstimmigkeit in Auszügen zu präsentieren.

Zu einem guten Text gehören auch Bilder; eine Auswahl musste getroffen werden und die Entscheidung fiel nicht immer leicht. Und doch war es toll, sich durch den Fundus an alten und neuen Fotos zu wühlen und sich damit an all die Geschichten, Treffen, Feste,

Veranstaltungen, Lesungen, Ausstellungseröffnungen und Bestandsübergaben zu erinnern.

Wer die Mentalität des AddF kennt, der weiß, dass nicht nur wichtig ist, was drinsteckt, sondern ebenso wie es präsentiert wird. Und so freuen wir uns, mit Milena Albiez eine Kasseler Gestalterin gefunden zu haben, die unsere Ideen aufgenommen und in ein spannungsvolles Wechselspiel von Farbe, Schrift und Bild gesetzt hat – über feministische Typografie haben wir gerne dazugelernt!

Ihr, Elke Schüller und Cornelia Wenzel danken wir herzlich für das produktive Miteinander beim Entstehen dieser Festschrift. Und ein Riesendank geht an all diejenigen, die aktiv in den letzten vier Jahrzehnten das AddF mitgestaltet, weiterentwickelt und gefördert haben – unserem Vorstand, den Kolleginnen und Ehrenamtlichen, den Komiteemitgliedern, unseren Weggefährt:innen und Mitstreiter:innen, Kooperations- und Projektpartner:innen, Freundinnen, Stifter:innen sowie Förder:innen

Viel Spaß beim Lesen wünscht das Leitungsteam
Silke Mehrwald, Laura Schibbe, Kerstin Wolff &
Jacqueline Weil

INHALTS

VERZEICHNIS

LISA PAUS, MDB
BUNDESMINISTERIN FÜR FAMILIE, SENIOREN, FRAUEN UND JUGEND

Sehr geehrte Damen und Herren,

ich gratuliere Ihnen herzlich zum 40. Jubiläum des Archivs der deutschen Frauenbewegung (AddF). Seit seiner Eröffnung am 8. März 1984 hat das AddF eine der größten Sammlungen von Beständen von Frauenvereinen, -verbänden und -organisationen sowie von Nachlässen von Frauen zusammen getragen. Es sichert, bewahrt und erschließt diese Quellen und stellt sie der Wissenschaft und der Öffentlichkeit zur Verfügung.

Die Geschichte der Frauenbewegung stellt ein Kulturgut dar. Zugleich ist sie ein wichtiges Kapitel in der Demokratiegeschichte. Mit seiner Sammlung liefert das Archiv der deutschen Frauenbewegung in Kassel einen bedeutenden Beitrag zur Erinnerungskultur. Aus Kenntnis der Vergangenheit und der vergangenen Kämpfe der Frauenbewegung lässt sich viel für die aktuellen Debatten ziehen – z. B. zu den Themen Gewalt gegen Frauen, die Debatten um reproduktive Gerechtigkeit und für das Thema Parität, die Gleichberechtigung und gleichberechtigte Teilhabe von Frauen in allen gesellschaftlichen Bereichen und in der Politik nach Art. 3 Abs. 2 GG.

Und das AddF ist auch ein wichtiges Standbein des Digitalen Deutschen Frauenarchivs (DDF), für das es regelmäßig wertvolle Beiträge erarbeitet und übermittelt. Im DDF werden erstmals weiterführende Informationen zur Frauenbewegungsgeschichte in der Form eines digitalen Fachportals präsentiert, darunter zahlreiche Digitalisate, kostbare Originaldokumente wie Briefe, Fotos oder Audioaufnahmen. Seit 2020 wird das DDF institutionell von meinem Haus gefördert – ein Erfolg für die Frauen- und Gleichstellungspolitik.

Schon in der Vergangenheit warnten Frauen vor Rückschritten und forderten weitere Verbesserungen. Das ist heute in Zeiten eines erstarkenden Rechtspopulismus hochaktuell.

Wir müssen dafür sorgen, dass das, was die Frauenbewegung erkämpft hat, erhalten bleibt. Das Archiv der deutschen Frauenbewegung leistet dazu einen verlässlichen Beitrag.

Mit freundlichen Grüßen

Lisa Paus

TIMON GREMMELS
HESSISCHER MINISTER FÜR WISSENSCHAFT UND FORSCHUNG, KUNST UND KULTUR

Liebe Freundinnen und Freunde des AddF,

am 18. Januar 1949 stimmte der Parlamentarische Rat für die Aufnahme des Gleichheitsartikels in das Grundgesetz der jungen Bundesrepublik Deutschland. Dr. Elisabeth Selbert, Juristin und eine der wenigen Mütter des Grundgesetzes, notierte daraufhin: „Ich hatte nicht geglaubt, dass 1948/1949 noch über die Gleichberechtigung überhaupt diskutiert werden müsste und ein ganz erheblicher Widerstand zu überwinden war!" Auch über ein halbes Jahrhundert später sind wir auf dem feministischen Weg zwar weitergekommen, aber noch müssen wir an vielen Aspekten der Gleichberechtigung arbeiten. Dabei wandeln wir auf den Spuren von Frauen, die unsere Geschichte und unsere Demokratie entscheidend mitgeprägt haben und die doch nicht so bekannt sind, wie sie es verdienen. Das AddF – Archiv der deutschen Frauenbewegung sorgt dafür, dass ihre Stimmen nicht verhallen und ihre Gesichter im Gedächtnis bleiben, und das seit nun 40 Jahren. Herzlichen Glückwunsch zum runden Geburtstag!

In den vergangenen vier Jahrzehnten hat sich das AddF zu einem herausragenden Forschungsinstitut und Dokumentationszentrum entwickelt. Mit eigenen Forschungsprojekten und engagierter Bildungsarbeit zur deutschen Frauenbewegung des 19. und 20. Jahrhunderts trägt das AddF diese wichtige Emanzipationsbewegung in die

Öffentlichkeit. Damit ist seine Arbeit für die (zeit-) historische Geschlechterforschung eine Ressource von bundesweiter und internationaler Bedeutung. Diese wichtige Arbeit fördern wir im Hessischen Ministerium für Wissenschaft und Forschung, Kunst und Kultur regelmäßig und werden das auch weiter tun.

Denn: In Zeiten, in denen die Demokratie unter Feuer steht, brauchen wir die kulturelle und wissenschaftliche Bildung mehr denn je. Um einen Beitrag zum Schutz der Demokratie zu leisten, sind Offenheit, Vielfalt, das miteinander Agieren und Streiten in der Kultur ein ganz elementarer Beitrag.

DR. SVEN SCHOELLER
OBERBÜRGERMEISTER DER STADT KASSEL

Zum 40jährigen Bestehen gratuliere ich dem Archiv der deutschen Frauenbewegung ganz herzlich. Die Stadt Kassel ist dankbar und auch stolz, mit dem Archiv der deutschen Frauenbewegung einen Archivstandort beheimaten zu dürfen, der in dieser konkreten Ausprägung von nationaler Einzigartigkeit und internationaler Bedeutsamkeit ist.

Mit seiner Gründung war zunächst das Ziel gesetzt, eine Bibliothek, ein Archiv, ein Forschungs- und Bildungszentrum zum Frauenalltag und zu der Frauenbewegung in Deutschland im 19. und beginnenden 20. Jahrhundert aufzubauen. Gleichzeitig hat sich das AddF immer weiterentwickelt – insbesondere im Hinblick auf die fachlichen Grundlagen, die Bestände sowie die Organisationsform. Inzwischen ist eine Stiftung Trägerin der Einrichtung.

Das AddF ist mittlerweile als außeruniversitäres Forschungsinstitut eine feste Größe und unverzichtbar geworden. Es wirbt regelmäßig maßgebliche Forschungs-

GRUSS

mittel ein, digitalisiert seine Bestände und bahnt sich so auch seinen Weg in die Zukunft. In den zurückliegenden 40 Jahren erhielten die aktiven Wissenschaftlerinnen und viele der Förderinnen beachtenswerte Auszeichnungen. Auf eine möchte ich näher eingehen: 2021 ist das Archiv als Ort der Demokratiegeschichte ausgezeichnet worden. Von Beginn an hat das Archiv mit der Geschichte der ersten Frauenbewegung einen Schwerpunkt gesetzt.

In der etwas jüngeren Geschichte ragt das Beispiel der Dr. Elisabeth Selbert hervor. Als engagierte Kämpferin für die Gleichberechtigung war die Kasselerin eine von nur vier Müttern des Grundgesetzes und hier die treibende Kraft, die Gleichberechtigung von Frau und Mann im Grundgesetz zu verankern.

In Zusammenarbeit mit dem AddF konnte 2009 für das Kasseler Rathaus eine ästhetische Gestaltung der Elisabeth Selbert Seitenhalle entstehen. Zudem hat das AddF die Basis dafür geschaffen, dass der Nachlass von Dr. Elisabeth Selbert hier in Kassel erschlossen wurde und nun der Forschung zur Verfügung steht, was man gar nicht hoch genug schätzen kann. Mit dieser Arbeit und mit vielen anderen bedeutenden Forschungsprojekten und Initiativen im städtischen Raum wie beispielsweise den Frauenstadtrundgängen, Ausstellungen oder Kunstwerken wird die Erinnerung an wichtige Frauen und die Frauenbewegung bewahrt. Mit diesen Aktionen gestaltet das AddF auch unsere Stadtgesellschaft maßgeblich mit.

Dafür möchte ich Ihnen meinen herzlichen Dank aussprechen und Sie ermutigen: Machen Sie weiter so!
Auf die nächsten 40 Jahre.

Sven Schoeller

GRUSS

PROF. DR.IN MECHTHILD BERESWILL,
HENNY ENGELS,
PROF. DR.IN SUSANNE KINNEBROCK
STIFTUNGSVORSTAND ARCHIV DER DEUTSCHEN FRAUENBEWEGUNG

Vor 40 Jahren gründeten Feministinnen das Archiv der deutschen Frauenbewegung, um Dokumente über Frauenbewegung und Frauenalltag zu sichern, ihre Geschichte zu erforschen und dieses Wissen allgemein zugänglich zu machen. Sie setzten sich dafür ein, die vergessene historische Frauenbewegung in Erinnerung zu bringen und einzuordnen. Inzwischen ist das Archiv der deutschen Frauenbewegung in eine Stiftung überführt worden und hat sich – dank des Einsatzes der Gründerinnen und ihrer Nachfolgerinnen – als hochprofessionell arbeitende, vielfach ausgezeichnete und institutionell geförderte Forschungs- und Bildungseinrichtung etabliert.

Der Stiftungsvorstand begleitet diese Erfolgsgeschichte seit 2003. Er beobachtet und berät das AddF und vertritt es gemeinsam mit dessen Leitungsteam nach außen. Dabei war allen Vorständen stets bewusst, dass es die im AddF tätigen Personen sind, die dessen Existenz sichern und seine Entwicklung vorantreiben. Ob haupt- oder ehrenamtlich, ihr Engagement hat Erfolge ermöglicht wie die Verleihung des Hessischen Archivpreises 2008, die Auszeichnung als Ort der Demokratiegeschichte 2021 sowie im selben Jahr den offiziellen Besuch von Bundespräsident Dr. Frank-Walter Steinmeier anlässlich des Gedenkens an die in Kassel geborene Dr.in Elisabeth Selbert.

Solche Wertschätzungen verdanken sich der kontinuierlichen Arbeit, die das Archiv der deutschen Frauenbewegung zu einem unverzichtbaren Mittelpunkt des Sammelns, Forschens und Kommunizierens über die historische Frauenbewegung gemacht hat. Die Sammlungen sind enorm gewachsen, die Zahl der eingeworbenen Drittmittelprojekte nimmt stetig zu, das Publikationswesen blüht. Inzwischen setzt das AddF auch auf digitale Zugänglichkeit seiner Bestände und kommuniziert seine Erkenntnisse über Soziale Medien.

Alle Mitglieder des Vorstands wünschen dem AddF, dass es seine erfolgreiche Arbeit in dieser Weise fortsetzt. Wir sind sehr zuversichtlich, dass dies weiterhin gut gelingt, weil diese einzigartige Einrichtung als Teil des historischen Gedächtnisses einer demokratischen Gesellschaft stets mit der Zeit gegangen ist.

Die Frau
von heute
1950
H 2
62
Die
Frau
1
1902
Z
218
Gleichheit 1953
1911

Jung-
Mädchenpost
1927-28 I
Welt der Frau
Die
Frau
von
heute
1957
Töchter
Album
Land
und
Frau

EINBLICKE

1984

– 2024

ALLERDINGS: DIE MÜHE LOHNT SICH

Am 8. März 2024 kann das Archiv der deutschen Frauenbewegung (AddF) auf 40 bewegte Jahre zurückblicken – auf Erfolge und Rückschläge, auf erfüllte und enttäuschte Hoffnungen, auf ergriffene und vertane Chancen, auf entschiedenen Gestaltungswillen und überbordende Bürokratie, auf die fragile Balance von selbstbestimmter und selbstausbeuterischer Arbeit und auf viele, viele Diskussionen. Es war so aufregend wie anstrengend, so energiegeladen wie kräftezehrend, so schöpferisch wie erschöpfend. Nur langweilig war es nie. Und das Vorhaben wurde in einem Ausmaß realisiert, das sich anfangs wohl keine hatte vorstellen können.

Dass dieses im Aufbruchsrausch der frühen 1980er-Jahre einigermaßen blauäugig, aber wild entschlossen ins Leben gerufene Projekt eine zentrale Institution zur Frauenbewegungsgeschichte in Deutschland geworden ist, daran haben viele mitgearbeitet: Von der Initiatorin und der Gründungsrunde über die vielen Macherinnen, die über vier Jahrzehnte Verstand, Phantasie, Energie, Nerven und Herzblut in die Entwicklung des AddF gesteckt haben bis zum heutigen Leitungsteam, das den Laden unter nicht einfacher werdenden Bedingungen zusammenhält.

↓ Anbringen des Messingschilds am ersten Domizil, 1984

Aber all diese Frauen haben das nicht alleine getan. Rund um dieses Kraftzentrum gab und gibt es eine Menge Satellitinnen: Die Stifterinnen, Freundinnen und Ehrenamtlichen, die verlässlich Geld und/oder Zeit spenden; der Vorstand, der verantwortlich und ideenreich mitgestaltet; die Beirats- bzw. Komiteemitglieder, die die Entwicklung konstruktiv begleiten und fördern; die Wohlgesonnenen in Ministerien, Verwaltungen, Ämtern, die ihren Gestaltungsspielraum hilfsbereit ausschöpfen; die Kolleg:innen in der Wissenschaft, den Kultureinrichtungen und Gedächtnisinstitutionen, die die neue Playerin nach anfänglicher Skepsis bald begrüßten und einbezogen; die Politiker:innen, die sich überzeugen ließen und im richtigen Moment an der richtigen Stelle die richtigen Weichen stellten.

Dieses System funktioniert, weil die treibenden, richtungweisenden Frauen des AddF nicht nur Feministinnen, Sammlerinnen, Forscherinnen, Vermittlerinnen und Organisationstalente waren und sind, sondern immer auch engagierte Vernetzerinnen und Lobbyistinnen – von nix kommt nix!

Seit 2013 berichtet das AddF alljährlich in den *Einblicken* detailliert über die Geschehnisse des vergangenen Jahres. Ergänzend dazu will dieses Buch zum Jubiläum die Organisationsgeschichte und die großen Entwicklungslinien der ersten vier Jahrzehnte nachzeichnen. Im engen Austausch mit dem (ehemaligen und aktuellen) Leitungsteam des AddF – Gilla Dölle, Silke Mehrwald, Laura Schibbe, Jacqueline Weil und Kerstin Wolff – wurde es geschrieben von einer, die die meiste Zeit mittendrin war, mitgeplant und mitrealisiert hat und erst seit wenigen Jahren draußen ist. Eine Innenansicht aus kurzer Distanz also, um informative, sachliche Darstellung bemüht, gleichwohl aber sicher nicht objektiv!

→ Zitat rechts: Annette Kuhn, Mitglied im ersten Beirat des AddF, im Vorwort zu: Zehn Jahre Archiv der deutschen Frauenbewegung, Kassel 1994, S. 11.

„Allerdings: Die Mühe lohnt sich."

Annette Kuhn

AUFBRUCH

1984

– 1993

SCHAFFEN WIR MÖGLICHKEITEN

8. März 1984 – Internationaler Frauentag[1] – Dieses Datum hatten die Initiatorinnen des Archivs der deutschen Frauenbewegung sehr bewusst für die Eröffnung gewählt. Denn sie hatten nicht weniger vor, als endlich einen Ort zu schaffen, an dem die Quellen zur Frauenbewegung des 19. und frühen 20. Jahrhunderts zusammengetragen werden sollten. Es galt, die Geschichte der vielen Vorkämpferinnen vor dem Vergessen zu bewahren, sie für gegenwärtige und zukünftige Kämpfe nutzbar zu machen. Wann, wenn nicht am Internationalen Frauentag, war der richtige Moment, mit diesem Vorhaben an die Öffentlichkeit zu treten?

Die Wahl des Datums war nicht nur thematisch treffend, sie erwies sich auch als Glücksgriff für die Berichterstattung. Viele Medien griffen dankbar zu, um das Tagesthema zu bedienen, der Presserummel war beachtlich. Nicht nur die *Hessisch-Niedersächsische Allgemeine* berichtete, auch die *Frankfurter Rundschau* und die *Süddeutsche Zeitung*. Die Journalistin Bettina von Cube stellte das AddF fachkundig und ausführlich in der *Hessenschau* vor.

Zur Eröffnung kamen Vertreterinnen der anderen Kasseler Frauenprojekte und Unterstützerinnen der Idee aus dem Kasseler Kulturleben, der Kasseler Politik und der Gesamthochschule Kassel. Am Abend wurde ein Frauenfest gefeiert, nicht nur mit Häppchen und Musik, sondern auch mit kleinen Lesungen der AddF-Gründerinnen aus Texten von Protagonistinnen der Frauenbewegung, allen voran • *Hedwig Dohm* (1831–1919), deren ironisch-brillante Formulierungen so gar nicht nach ‚alter' Frauenbewegung, sondern höchst aktuell klangen. Unversehens und ganz nebenbei wurden hier aus der Begeisterung der Zuhörerinnen die Lesungen des AddF geboren, mit denen in den

1 AddF-Dossier https://kurzelinks.de/icy6 Zugriff 22.02.2024.

folgenden Jahren zahlreiche Akteurinnen aus der alten Frauenbewegung vorgestellt werden sollten.

DIE IDEE

Die Gründerinnen des AddF lagen mit ihrem Vorhaben Anfang der 1980er-Jahre im Trend der Zeit. Die Frauenprojektebewegung war in vollem Gange, überall entstanden Frauenbuchläden, Frauenhäuser, Frauenbildungsstätten, Frauenberatungsstellen, Frauenreferate. Und die Frauenbewegung entdeckte ihre Vorkämpferinnen. Eines der vielgelesenen Bücher jener Zeit war nicht zufällig der von Karin Hausen herausgegebene Band •*Frauen suchen ihre Geschichte*.[2] In den 1970er-Jahren waren bereits das •*Spinnboden Lesbenarchiv* und das •*Frauenforschungs-, -bildungs- und -informationszentrum* (FFBIZ) in Berlin gegründet worden und fast zeitgleich mit dem AddF öffnete das *Feministische Archiv und Dokumentationszentrum* in Frankfurt (aus dem später der •*FrauenMediaTurm* in Köln wurde) seine Pforten[3]. Die Konzentration des AddF auf die Frauen(bewegungs)geschichte des 19. und frühen 20. Jahrhunderts war in diesem Gründungsreigen etwas Besonderes, denn für die anderen stand die Neue Frauenbewegung ab den 1970er-Jahren im Vordergrund. Typisch für den Zeitgeist war auch, dass quasi sofort die Vernetzung begann. Das AddF präsentierte sich auf den legendären feministischen Historikerinnentreffen 1984 in Wien und 1986 in Amsterdam. Das erste der regelmäßigen Treffen der Frauenarchive, -bibliotheken und -dokumentationsstellen gab es schon 1983, bei den späteren war auch das AddF immer mal wieder Gastgeberin[4]. 1994 gehörte es zu den Gründungsmitgliedern des Dachverbandes deutschsprachiger Lesben-/Frauenarchive, -bibliotheken und -dokumentationsstellen •*i.d.a. – informieren, dokumentieren, archivieren*.[5]

Zurück zur Idee: Wenn Frauen ihre Geschichte suchen, genauer gesagt, die Geschichte

2 Karin Hausen: Frauen suchen ihre Geschichte. Historische Studien zum 19. und 20. Jahrhundert, München 1983.

3 Außerdem entstanden um diese Zeit unter anderem auch die Frauenarchive an den Universitäten Dortmund und Bochum und das Hamburger Frauenbildungszentrum Denk(t)räume. Eine komplette Übersicht siehe unter: i.d.a.-Website https://kurzelinks.de/vgdb Zugriff 27.11.2023.

4 Die Frauenarchivetreffen fanden in Kassel 1985, 1989, 1997, 2004 und 2012 statt.

5 i.d.a.-Website https://kurzelinks.de/lp5w Zugriff 22.02.2024.

→ Bild: 1989 präsentiert Hanne Wiedner das erste Plakat der Frauenarchive und -bibliotheken beim Treffen in Kassel

→ Zitat rechts: Hedwig Dohm: Der Missbrauch des Todes, Berlin-Wilmersdorf 1917, S. 21f.

„Schaffen wir Möglichkeiten"

Hedwig Dohm

weiblicher Emanzipationsbestrebungen in den letzten Jahrhunderten, dann sollte man denken, dass die diesbezüglichen Quellen in den einschlägigen Gedächtnisinstitutionen zu finden sind. Genau das war jedoch nicht der Fall. Für Archive, Bibliotheken und Museen scheint das Thema wenig relevant gewesen zu sein, die Überlieferung erwies sich als ausgesprochen dürftig. So bestand wenig Hoffnung, dass die Dokumente der Frauenbewegung ihre adäquate Würdigung erfahren. Also wurde im übertragenen Sinne zur Schaufel gegriffen und mit eigenen Grabungsarbeiten begonnen. Es wurden eigene, unabhängige Archive gegründet, da sich die üblichen Aufbewahrungsorte als unzuverlässig erwiesen hatten.

TRAGENDE SÄULEN …

Aus drei Säulen sollte das AddF bestehen:

- *Sammlungen*. In Archiv, Bibliothek und Dokumentation liegen die Sammlungen zur Geschichte der Frauenbewegung: Nachlässe von Protagonistinnen, Akten von Organisationen, Bücher, Broschüren, Zeitschriften, Fotos, Audios und Videos bis hin zu vereinzelten Objekten – all die Quellen also, die Auskunft geben können über die Geschichte aller Zweige und Richtungen der Frauenbewegung.
- *Forschung*. Das AddF ist gleichzeitig Forschungseinrichtung. Von Beginn an wurde angestrebt, die Materialien nicht nur zu bewahren, sondern auch auszuwerten, Forschungsprojekte anzuregen und selbst durchzuführen. Selbstverständlich gehören dazu ebenso eigene Publikationen.
- *Bildung und Vermittlung*. All die Erkenntnisse, die beim Sammeln und Forschen gewonnen werden, sollen auf vielfältige Weise und in verschiedenen Formaten weitergegeben und so das Wissen über die Geschichte der Frauenbewegung verbreitet werden. Dazu gehören neben der von Beginn an regen Vortragstätigkeit der Mitarbeiterinnen Ausstellungen, Führungen, Tagungen und inzwischen auch die Social-Media-Plattformen.

Dieser gleichberechtigte Dreiklang von Sammlungen, Forschung und Vermittlung war damals noch eher ungewöhnlich, hat sich aber als tragfähig erwiesen und prägt bis heute die Arbeit des AddF.

→ Bild rechts:
In den ersten Jahren wurde Hedwig Dohm eine Art Schutzpatronin des AddF. Ihr Portrait schmückte Plakate, Flyer und Buttons, 1984

Archiv der deutschen Frauenbewegung e.V.
(Hedwig Dohm 1833–1919)
Bibliothek & Studienzentrum
der ersten deutschen Frauenbewegung
Philippinenhöfer Weg 83
3500 Kassel
Telefon 0561/89 11 11
geöffnet: täglich 10–14 Uhr

… UND TRAGENDE FRAUEN

Grundlage und Träger des AddF war ein am 16. Februar 1983 gegründeter Verein. Für die Gründerinnen stand außer Frage, dass das AddF nur eine autonome, unabhängige Einrichtung sein konnte, geprägt von den Vorstellungen und Ansprüchen der Neuen Frauenbewegung, aus der sie mehr oder weniger alle kamen oder mit der sie zumindest sympathisierten. Das spiegelte sich schon darin, wie die ganze Sache angegangen wurde.

Zwar gab es mit Sabine Hering eine Hauptinitiatorin, von der der Impuls ausging, doch fand sie schnell Mitstreiterinnen für ein Gemeinschaftsprojekt, das sich als Teil der autonomen Kasseler Frauenbewegung begriff und bis heute dort eine Verankerung hat.

Dieses runde Dutzend, das sich beherzt in die Arbeit stürzte – was waren das für Frauen, was trieb sie an und was qualifizierte sie? Sie kamen aus verschiedenen Studienrichtungen, eine archivarische oder bibliothekarische Fachausbildung hatte indes keine. In der Aufbauphase war schnell erkennbar, welche Talente die einzelnen Frauen einbringen konnten und das waren nicht wenige: buchhändlerische und buchhalterische Kenntnisse, handwerkliches Geschick, Kontakte in spendenfreudige Kreise, in Medien und politische Gremien, Organisations- und Schreibbegabungen. Dazu kam eine solide, wenn auch nicht immer bis ins Letzte einheitliche, feministische Grundhaltung, Begeisterung für die Geschichte und ein unerschütterlicher Optimismus. All diese unterschiedlichen Talente flossen in den Aufbau des AddF ein. Dennoch war unverkennbar, dass auch Kenntnisse fehlten und erworben werden mussten, die Regeln zur alphabetischen Katalogisierung etwa oder der archivgerechte Umgang mit Autographen oder Fotos. Da der Anspruch bestand, professionell zu arbeiten, war autodidaktisches Lernen angesagt und die Suche nach fachlicher Unterstützung. So erfolgte anfangs die Einführung in archivische

↓ Das Team des AddF 1984 bei der Eröffnung

Grundkenntnisse im *Archiv der deutschen Jugendbewegung* auf Burg Ludwigstein und an der Kasseler Kunsthochschule wurde ein Buchbindekurs absolviert. In späteren Jahren holten einzelne Mitarbeiterinnen archivarische und bibliothekarische Fachausbildungen nach oder nahmen an qualifizierenden Weiterbildungen teil.

← Magazin im Sommerweg, 1990

FORM UND INHALT

Von der Frauenbewegung bzw. von Ansprüchen vieler Sozialer Bewegungen dieser Zeit war auch die interne Organisation geprägt. Die Teilung in bzw. die unterschiedliche Bewertung von Hand- und Kopfarbeit wurde problematisiert und sollte vermieden werden •*Alle machen alles* war eines der Schlagworte der Zeit. Das klappte teilweise gut, aber wahrlich nicht immer und sehr bald wurde klar, dass es durchaus nützlich ist, die Arbeiten auch nach Begabungen und Fähigkeiten aufzuteilen. Die Tradition des allwöchentlichen Montagsplenums wurde begründet, in dem alles, was anstand, besprochen, gleichberechtigt entschieden und organisiert wurde. Das war in dieser durchaus gemischten Gruppe der 12 bis 15 Archivfrauen (so die damalige Selbstbezeichnung) oft nicht einfach. Selbstorganisation mit all ihren Ansprüchen verlangt viel Einsatz- und Konfliktbereitschaft, ist zeitaufwendig und kostet viel Kraft. Was die Sache erfolgreich werden ließ, war die Bereitschaft aller, bei Meinungsverschiedenheiten letztlich immer der gemeinsamen Sache den Vorrang zu geben.

Das hierarchiefreie oder zumindest möglichst hierarchiearme Arbeiten stand in der Aufbauphase hoch im Kurs und ist noch immer ein Thema. Bis heute gibt es keine klassische Archivleiterin, sondern ein mehrköpfiges Leitungsteam, das sich montags zur Leitungsrunde trifft, ergänzt durch ein vierzehntägiges Treffen aller Mitarbeiterinnen zum inhaltlichen Austausch und der gemeinsamen Planung.

↑ Die Archivfrauen beim Montagsplenum im ersten Domizil im Philippinenhöfer Weg, 1986

Ein anderer Anspruch der Gründungsphase hat sich sehr viel stärker geändert. Das AddF begann ganz im Sinne der Neuen Frauenbewegung als Frauenraum, als Ort von Frauen für Frauen zur aktiven Unterstützung weiblichen Wissenserwerbs. Dieser Punkt war oft umstritten und er wandelte sich stark im Laufe der Jahre. Das hing mit Entwicklungen in der Forschung (von der Frauenforschung zur Geschlechterforschung) und gesellschaftlichen Veränderungen zusammen, aber auch mit der Zunahme an öffentlicher Förderung, die freien Zugang zu Archiv und Bibliothek voraussetzt. Es war ein langsamer, aber stetiger Übergang: vom Raum ‚Nur für Frauen' über das Saunamodell (‚Frauentage' und ‚Gemischte Tage') bis zu den Öffnungszeiten für alle Geschlechter.

OHNE MOOS VIEL LOS – VON NICHTS ZUR PROJEKTFÖRDERUNG

Das AddF startete buchstäblich mit nichts als einer Idee. Die ersten Büromöbel und Regale konnten von der Sparkasse ausrangiert übernommen werden, die ersten Bücher brachten die Initiatorinnen von zu Hause mit, das waren die Anfänge der Bibliothek. Natürlich wurden von Beginn an Spenden gesammelt, aber alle waren sich einig, dass dies kein ehrenamtlich betriebenes Hobbyprojekt werden sollte, sondern eine zwar frauenbewegte, aber professionelle Einrichtung mit bezahlten Stellen. Vom ersten Tag an wurden im Politikbetrieb ‚Klinken geputzt' und bald begann die segensreiche Zeit der Arbeitsbeschaffungsmaßnahmen[6]. So konnten einige Mitarbeiterinnen abwechselnd für ein oder zwei Jahre bezahlt werden. Auch erste Forschungsprojekte wurden bewilligt und durchgeführt. Auf gemeinsamen Druck der Kasseler Frauenprojekte richtete der erste rot-grüne Magistrat 1984 in Kassel einen ‚Frauentopf' ein, Ähnliches wiederholte sich 1985 auf Landesebene. Damit gab es erste Finanzspritzen über die ‚Frauenschiene' – Sachkosten für Bildungsarbeit, wo doch dringend Geld für Bücherankäufe in Antiquariaten gebraucht wurde! Es musste dann immer ausführlich begründet werden, warum für die Bildungsarbeit des AddF so viele Bücher benötigt wurden. Aber es ging voran. Für die ersten zehn Jahre galt: ein Dutzend Frauen steckte viel Zeit und Energie in das AddF – völlig unabhängig davon, ob sie gerade (teil-)bezahlt werden konnten, arbeitslos waren oder ihren Lebensunterhalt anderswo verdienten.

6 Arbeitsbeschaffungsmaßnahmen (ABM) waren ein Förderinstrument des Arbeitsamtes, mit dem zur Regulierung der Arbeitslosigkeit Stellen finanziert wurden; die Förderbedingungen waren anfangs auch für Projekte mit wenig Eigenmitteln zu erfüllen.

↓ Eingang zum zweiten Domizil im Sommerweg, 1990

ARCHIV? BIBLIOTHEK? DOKUMENTATION?

Ganz im Gegensatz zum Namen – *Archiv* der deutschen Frauenbewegung – wurde in den ersten Jahren mit dem Aufbau einer Spezialbibliothek begonnen. Über Bücherspenden kam einiges zusammen und mittels Geldzuwendungen konnten in Antiquariaten Publikationen der alten Frauenbewegung gekauft werden. Als besonders hilfreich erwies sich der *Deutsche Evangelische Frauenbund* (DEF) in Hannover. Er erlaubte, aus seiner historischen Bibliothek zahlreiche Jahrgänge von Frauenzeitschriften zu kopieren. So gelangten – mit den neu erlernten Fertigkeiten selbst gebundene – Kopien wichtiger Zeitschriften wie *Die Frauenbewegung, das Centralblatt des Bundes Deutscher Frauenvereine* und manch andere ins AddF. Etwa 20 Jahre später wollte es das Schicksal, dass diese Kopien wieder mit den Originalen zusammentrafen. Der DEF konnte sein Archiv nicht mehr selbst betreiben und überließ es 2007 mitsamt der Bibliothek dem AddF.

Noch etwas wurde sofort in Angriff genommen: Wer heute den Lesesaal betritt, sieht sich einer Wand voller

→ Bild nächste Seite: Jutta Harbusch (1956–2022), eine der tragenden Mitarbeiterinnen im ersten Jahrzehnt des AddF, bei der Buchaufnahme an der elektrischen Schreibmaschine, 1989

Aktenordner gegenüber, beschriftet mit Frauennamen, Organisationen und Themen. Darin befindet sich die Pressedokumentation, für die u.a. Fachzeitschriften ausgewertet werden. Auch sie wird seit 40 Jahren als Hilfsmittel und Einstieg für Nutzer:innen geführt.

→ Die Pressedokumentation mit den Ordnern zu Personen, Körperschaften und Themen im heutigen Lesesaal

Und das Archiv im eigentlichen Sinne? Zwar wurde schon 1984 mit der Sammlung von Einzelautographen begonnen und ab 1989 gab es erste Nachlasssplitter, aber erst zur Jahrtausendwende nahm das Archiv so richtig Fahrt auf – darauf kommen wir noch zurück.

DIE DEKADE DER PREMIEREN

Das Gründungsteam des AddF hatte sich viel vorgenommen und es startete sportlich durch. Die erste Dekade ist folgerichtig gekennzeichnet von zahlreichen Premieren, die zur Basis für die weitere Entwicklung wurden.

Noch im Jahr der Gründung begann das erste •*Forschungsprojekt*: *Zur Rolle der deutschen Frauen in der internationalen Frauenfriedensbewegung 1892–1933*. Seitdem sind im AddF mehr als 20 kleinere und größere Forschungsprojekte durchgeführt worden.

Zum Internationalen Frauentag am 8. März 1985 erschien das erste Heft der •*Zeitschrift Ariadne – Almanach des Archivs der deutschen Frauenbewegung*. Die *Ariadne* zählt heute zu den ‚dienstältesten' Fachzeitschriften der

Frauen- und Geschlechtergeschichte. Mit ihr wird der wissenschaftliche Diskurs neuer Forschungsergebnisse, aber auch die Präsentation von Sammlungsgut und Quellenmaterial gepflegt; zugleich dient sie der Wissenschaftskommunikation des AddF.

1986 wurden mit den Bänden 1 und 2 der •*Schriftenreihe des Archivs der deutschen Frauenbewegung* unter dem Titel *Frauen riefen, aber man hörte sie nicht* der Bericht und der Quellenband zum ersten •Forschungsprojekt vorgelegt. 2024 erscheint mit dieser Festschrift zum 40-jährigen Bestehen des AddF der 16. Band.[7]

Die fatalen Tage – Zur Sozialgeschichte von Menstruation und Hygiene war der Titel der ersten •*Ausstellung*, die das AddF 1989 am damaligen Standort im Sommerweg 1b zeigte. Gleich im nächsten Jahr folgte *Frauenalltag in Kassel 1933–1945* in der Kasseler Kunstkammer. Im Laufe der Jahre wurden vom AddF in den eigenen Räumen wie auch an anderen Orten immer wieder Ausstellungen entwickelt und gezeigt, inzwischen oft in Kooperation mit anderen Kultureinrichtungen.

Neben dem großen Ganzen der historischen Frauenbewegung sollte auch die Frauengeschichte vor Ort erforscht und vermittelt werden. Das war Anlass, im Jahr 1992 die erste •*Stadtrundfahrt* zu organisieren: *Die Casselerinnen – Streifzüge durch zwei Jahrhunderte*. Sie war ein großer Erfolg und wurde jahrelang als Bustour durchgeführt. Seit 2013 sind thematische Stadtteilspaziergänge im Angebot.

7 Eine Übersicht über die Publikationen findet sich auf der AddF-Website https://kurzelinks.de/wme1 Zugriff 22.02.2024.

RASANTES WACHSTUM

Das AddF ist in vieler Hinsicht ein Erfolgsmodell, hatte aber auch immer wieder zu kämpfen. Erfolgreich war und ist der Sammlungsaufbau, der Bestand wuchs kontinuierlich. Das erste Domizil des AddF bestand aus zwei Räumen im Nebengebäude der Schule Am Warteberg, einer Grundschule am Stadtrand, die die Stadt Kassel zur Verfügung gestellt hatte. Innerhalb weniger Jahre waren diese Räume im Philippinenhöfer Weg 83 zu klein geworden. Der Lese- und Veranstaltungsraum wurde zum Magazin, Nutzerinnen saßen improvisiert an Tischchen zwischen den Regalen, Veranstaltungen mussten an anderen Orten stattfinden.

Verhandlungen mit der Stadt um größere Räume waren langwierig und führten 1988 zum Umzug in drei

→ Bild nächste Seite:
Am Halt und Ausstieg an der Orangerie spricht Lynne Miles-Paul zum Thema Künstlerinnen im Rahmen der ersten Stadtrundfahrt 1992 *Die Casselerinnen – Streifzüge durch zwei Jahrhunderte*

Pavillons auf dem Schulhof der Unterneustädter Schule, die zentraler gelegen war. Ein wirklich gut geeigneter Ort war aber auch dieser Standort im Sommerweg 1B nicht, was sich zum Beispiel am gelegentlich undichten Flachdach zeigte. Der Umzug dorthin und die Feier zum 5-jährigen Bestehen des AddF standen deshalb unter dem Motto *Vom Provisorium zur Übergangslösung*. Die Suche nach besser geeigneten Räumen ging nach kurzem Durchatmen weiter. Zum qualitativen Sprung wurde 1996 das Hinterhaus in der Gottschalkstrasse 57. Es konnte sogar teilweise nach den Wünschen der Mitarbeiterinnen gestaltet werden und liegt mitten im Uni-Viertel. 2006 allerdings musste dann schon das erste Außenmagazin, eine ungenutzte Kegelbahn im *Philipp-Scheidemann-Haus* umgebaut und dazugenommen werden, 2014 folgte ein weiteres im Dachgeschoss des ehemaligen Polizeipräsidiums im Königstor, das übergangsweise bis 2023 angemietet werden konnte. Das AddF beherbergt heute annähernd 1.000 Regalmeter Archivgut, also Nachlässe von Frauen und Frauenorganisationen, und etwa 12.000 Fotos, dazu fast 40.000 Bücher und mehr als 2.600 Zeitschriftentitel. Es wächst weiter, denn erfreulicherweise wird es von immer mehr Frauen und Frauenorganisationen als sicherer Hort ihrer Unterlagen in Anspruch genommen. Die Suche nach dem optimalen Standort aber dauert an, alle Mitarbeiterinnen und Förder:innen bemühen sich, sie nicht zu einer unendlichen Geschichte werden zu lassen.

↓ Der erste Standort im Philippinenhöfer Weg, der „Schuhkarton" im Sommerweg und der jetzige Standort in der Gottschalkstraße 57

NEUE TECHNOLOGIEN – QUANTENSPRUNG ODER SPALTPILZ?

Das AddF hat die rasanten technischen Entwicklungen der letzten 40 Jahre ebenso miterlebt wie miterlitten und auch die Diskussionen darüber in der Frauenbewegung aktiv mitgeführt. Anfangs stand eine alte mechanische Schreibmaschine auf dem Tisch, bald abgelöst durch elektrische Kugelkopf- bzw. Typenradschreibmaschinen. Dann gab es als Übergang zum Computer ein ‚Schreibautomat' genanntes Gerät, in dem auf einem schmalen Display jeweils eine Zeile des Getippten zu sehen war. Der Text verschwand dann nach links irgendwohin, zu sehen waren immer nur die letzten Wörter, aber zum Schluss konnte alles ausgedruckt werden. Das Gerät war nicht ausgereift und hat sich nicht lange halten können. Bis hierher wurde die Entwicklung dennoch von allen im AddF als interessant und hilfreich empfunden. Doch als um 1990 die ersten PCs am Horizont normaler Büros auftauchten, als immer häufiger Begriffe wie Textverarbeitungsprogramm und Bibliothekssoftware durch die Archivräume geisterten, zeigte sich, dass eine Grundsatzdiskussion anstand.

• *Wollen wir – müssen wir – verweigern wir?* Dieser Titel eines Ariadne-Beitrags, in dem eine Archivkollegin später auf die Diskussionen zurückblickte,[8] spiegelt treffend die verschiedenen Haltungen der damaligen Gruppe von Aktiven im AddF zur technologischen Entwicklung. Für alle drei Positionen gab es gute Gründe. • *Wollen wir* die Chancen der neuen Technologien ergreifen? Vor allem die Erschließungs- und Recherchevorteile gegenüber den Karteikarten in der Bibliothek und den gedruckten Findbüchern im Archiv waren unmittelbar einleuchtend. Aber auch Textverarbeitungs- und Kalkulationsprogramme verhießen Arbeitserleichterungen und neue Gestaltungsmöglichkeiten. Und haben wir überhaupt die Wahl? • *Müssen wir* nicht zugreifen und mitmachen, um nicht abgehängt zu werden, weniger zu bieten als andere und perspektivisch gar von Förderungen ausgeschlossen zu werden? • *Oder verweigern* wir Technologien, die unter der Hand zu etwas führen können, was wir ganz und gar nicht wollen: Spezialistentum und Herrschaftswissen, das ganz im Gegensatz zu unseren feministischen Werten steht?

Die Diskussionen waren lang, heftig, intensiv und offenbarten Meinungsunterschiede, die letztlich dazu führten, dass nach der Entscheidung für die neue Technik

8 Claudia Böllersen: Wollen wir – müssen wir – verweigern wir? Ein- und Ausblicke der Computernutzung in Lesben-/Frauenarchiven und -bibliotheken, in: Ariadne. Almanach des Archivs der deutschen Frauenbewegung, Heft 34, November 1998, S. 46–51.

drei Frauen aus der Archivgruppe ausstiegen. Sie wollten den Weg des AddF in diese Richtung nicht mitgehen. Dass diese Trennung nicht im Zorn geschah, sondern alle drei dem AddF dennoch freundschaftlich und unterstützend verbunden blieben, ist ein schönes Zeichen für gelungene Konfliktbewältigung, wie sie auch in frauenbewegten Kreisen wahrlich nicht selbstverständlich ist!

Im AddF ging es dann entschlossen zur Sache: Nach einer Erprobungsphase wurden 1994 das erste Bibliotheksprogramm und 1997 Website und Emailadresse eingerichtet. Zunächst gab es tatsächlich nur eine gemeinsame Mailadresse für alle, ebenso wie eine ‚Schreibstube', mit zwei PCs für die gemeinsame Nutzung. Die Ariadne 34 vom November 1998 brachte den Diskurs innerhalb der Lesben-/Frauenarchive und -bibliotheken mit dem Titel *Traditionell und virtuell* auf den Punkt. Im Jahr 2002 waren die Retrokatalogisierung des Buch- und Zeitschriftenbestands abgeschlossen und die Bestände online recherchierbar. Und 2012 war das AddF dann schon soweit in der schönen neuen Welt angekommen, dass es als Gastgeberin der Tagung der deutschsprachigen Lesben-/Frauenarchive und -bibliotheken *Auf der Datenautobahn durch Europa* rauschte.

DER FREUNDINNENGEDANKE

Der Herbst 1992 brachte mit der Gründung des Fördervereins •*Freundinnen des Archivs der deutschen Frauenbewegung* eine weitere nachhaltige und bis heute großartige Unterstützung für das AddF. Einige Frauen aus dem Umfeld griffen damit eine Idee der historischen Frauenbewegung auf: *Die Gertrud-Bäumer-Stiftung für die Altershilfe der Frauenbewegung* hatte sich Anfang des 20. Jahrhunderts um unbemittelte Mitstreiterinnen gekümmert.

↓ Das Logo des Fördervereins

Die Archiv-Kolleginnen benötigten zwar noch keine Altershilfe, finanzielle Unterstützung für den Betrieb des AddF konnten und können sie bis heute aber allemal gebrauchen. Der Förderverein intensivierte im Herbst 1993 seine segensreiche Spendensammeltätigkeit mit einem rauschenden Benefizfrauenfest, bei dem die Karikaturistin Marie Marcks (1922–2014) zu Gast war. Heute sind es mehr als 170 Freundinnen, die regelmäßig spenden. Die Spezialität des Freundinnenvereins sind Lesungen mit zeitgenössischen Schriftstellerinnen und Schauspielerinnen. Es waren schon viele Prominente zu Gast unter anderem Ulla Hahn, Carola Stern, Hannelore Hoger, Barbara Honigmann, Eva Mattes, Ursula Krechel, Marlene Streeruwitz, Zsuzsa Bánk und Helga Schubert. Der Freundinnenverein hat im Laufe der Zeit rund 70 Lesungen und andere Kulturveranstaltungen organisiert und für das AddF in 30 Jahren mehr als eine halbe Million Euro Spenden gesammelt. Jedes Jahr kommen annähernd 20.000 Euro dazu.

↑ Marie Marcks vor den Plakaten zum Fest, 1993

VON „FRAUEN UND GEDÖNS"[9] ZU WISSENSCHAFT UND KUNST

Das AddF ist im ersten Jahrzehnt in vieler Hinsicht gewachsen und hat sich etabliert. 1992 gelang auch in finanzieller Hinsicht ein entscheidender Schritt: *Das Hessische Ministerium für Wissenschaft und Kunst* (HMWK) bewilligte die institutionelle Förderung als außeruniversitäre Forschungseinrichtung. Damit war dem AddF der Sprung aus der Frauenförderung in die Wissenschaft gelungen und ein erster wichtiger Grundstein für die Verstetigung und die dauerhafte Absicherung gelegt worden. Die Förderung gewährte eine zunächst schmale Basis, die es in den folgenden Jahren und Jahrzehnten kontinuierlich zu erweitern galt. Für die weiterhin nötige Akquirierung von Drittmitteln und Spenden bot diese Basis aber schon einmal erheblich mehr Trittsicherheit als je zuvor.

Durch die Einrichtung eines wissenschaftlichen Beirats (heute: Stiftungskomitee) bekam die Etablierung des AddF im Wissenschaftsbetrieb 1992 einen weiteren

9 Als „Frauen und Gedöns" bezeichnete der damalige Bundeskanzler Gerhard Schröder 1998 das von ihm nicht sonderlich wichtig genommene Bundesministerium für Familie, Senioren, Frauen und Jugend. Die Bezeichnung steht seither für die abschätzige Betrachtung frauenpolitischer Bestrebungen durch männliche Politiker.

Schub. Analog zu den Säulen des AddF sind dort die Bereiche Sammlungen (Archiv- und Bibliothekswesen), Forschung (Frauen- und Geschlechtergeschichte) und Vermittlung (Bildung, Kultureinrichtungen und Journalismus) vertreten. Auch das HMWK hat einen Sitz und der •*Deutsche Frauenrat* repräsentiert die Frauenorganisationen. Der Beirat bzw. das Komitee ist dem AddF durch seine vielfältigen Fachkenntnisse eine wertvolle Unterstützung, zudem leisten seine Mitglieder oft hilfreiche Lobby- und Vernetzungsarbeit in ihren jeweiligen Fachgebieten.

8. MÄRZ 1994 – INTERNATIONALER FRAUENTAG

Das AddF feierte mit einem Fest und einer Publikation[10] sein zehnjähriges Bestehen. Es hatte erfolgreiche Aufbaujahre hinter sich und konnte optimistisch und weiterhin voller Tatendrang in die Zukunft blicken.

10 Zehn Jahre Archiv der deutschen Frauenbewegung, Schriftenreihe des Archivs der deutschen Frauenbewegung – Sonderband, Kassel 1994.

→ Bild oben und mittig: Die erste Sitzung des Wissenschaftlichen Beirats, 1992, Komiteesitzungen 2017 und 2023

→ Bild unten: Feierlichkeiten zum 10-jährigen Bestehen des Archivs, 1994

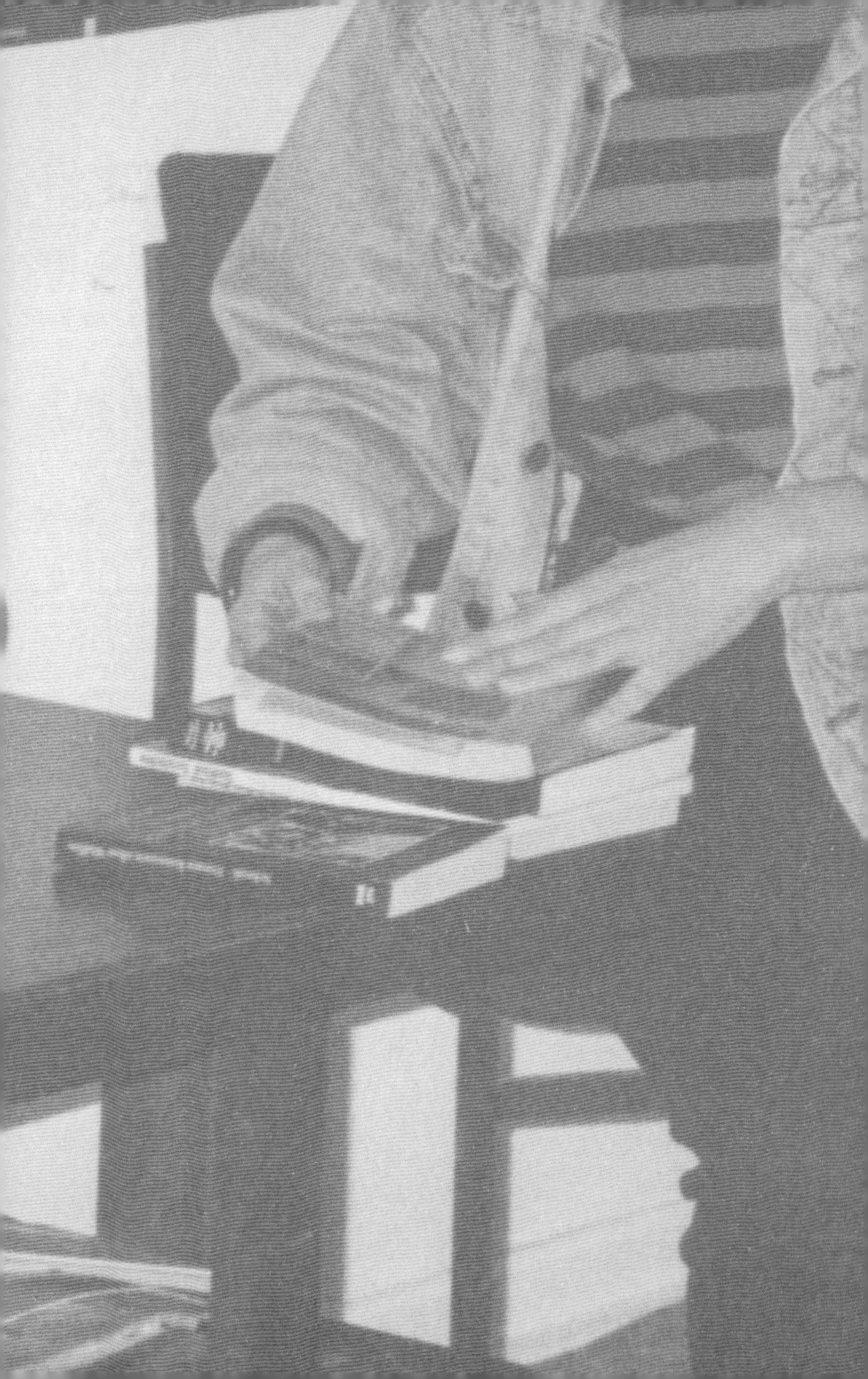

POSITIONIERUNG

1994

– 2003

WENN DIE FRAUEN NUR ERST MEHR GESCHICHTLICHE QUELLENSTUDIEN BETREIBEN …

Welche Welt ist meine Welt? – Aus dem Leben jüdischer Frauen lautete der Titel, mit dem 1994 der neunte Band der Schriftenreihe des AddF erschien. Daran ist zweierlei bemerkenswert. Erstens das Thema: Es gab gute Gründe, sich gerade zu diesem Zeitpunkt mit jüdischen Frauen zu befassen. Deutschland hatte 1989 die friedliche Revolution erlebt und war wiedervereinigt. „Aufschwung, ein neues Wirtschaftswunder und vor allem die ‚Abwicklung' des Alten sind die Themen, die im innerdeutschen Diskurs zur Zeit großgeschrieben werden. [...] Angesichts der Vereinigung der beiden deutschen Staaten werden die Forderungen nach der Beendigung der Nachkriegs-Zeit immer lauter und damit gleichzeitig die Fragen nach der Verantwortung in der Geschichte immer weiter in den Hintergrund gedrängt"[11],so die Herausgeberinnen im Vorwort. Dem wollte das AddF mit einer Veranstaltungsreihe und mit diesem Buch zu jüdischen Frauen im Exil und im Widerstand etwas entgegensetzen.

Bemerkenswert ist aber auch, dass zehn Jahre nach Gründung und acht Jahre nach Etablierung der Schriftenreihe bereits der neunte Band vorlag. Das ist für eine vergleichsweise kleine Einrichtung eine beachtliche Bilanz und zeigt, welche Bedeutung der Bereich Forschung und Publikationen seither im AddF hat.

11 Leonie Wagner / Silke Mehrwald / Gudrun Maierhof, Mechtild M. Jansen (Hrsg.): Aus dem Leben jüdischer Frauen – „Welche Welt ist meine Welt?", Kassel 1994, S. 5.

DEN FUNDUS NUTZEN

Eigene Forschungen zur Frauenbewegungsgeschichte und zugleich die Anregung von Arbeiten im Bereich der Frauen- und Geschlechtergeschichte des 19. und 20. Jahrhunderts machten das AddF von Anfang an zu einem aktiven Teil des Forschungsdiskurses. Ab den 1990er-Jahren ist ein kräftiger Aufschwung zu beobachten, zeitweise wurden mehrere Forschungsprojekte gleichzeitig durchgeführt. Das lag nicht nur am brennenden Interesse der Mitarbeiterinnen, die vielen unerforschten Themen endlich zu bearbeiten. Er wurde auch dadurch verstärkt, dass das AddF die institutionelle Förderung durch das HMWK nicht als Archiv oder Bildungseinrichtung bekam, sondern aus dem Haushaltstitel ‚Außeruniversitäre Forschungseinrichtungen'. Das war – und ist bis heute – eine Herausforderung und Verpflichtung, der es gerecht zu werden gilt.

Der Kanon der im AddF durchgeführten Forschungsprojekte ist umfangreich. Von der Frauenfriedensbewegung über Mädchenbildung, Antisemitismus und die Erforschung einzelner Biographien wurde ein breites Themenspektrum behandelt. Es ging um Regionales wie Politikerinnen in Kassel oder Frauen im Konzentrationssammellager Breitenau, aber auch um die Rolle von Frauen in der 1848er Revolution, um das Frauenwahlrecht oder um die Umsetzung des von Elisabeth Selbert und ihren Mitstreiterinnen durchgesetzten Gleichheitsartikels im Grundgesetz der Bundesrepublik Deutschland.

Das AddF hat den großen Vorteil, dass es bei der Forschung aus dem Vollen schöpfen kann. Sowohl die Quellen als auch das Expertinnenwissen sind im Haus und jederzeit direkt greifbar. Damit kann auf Jubiläen und Diskurse reagiert werden, aber es können auch jenseits der Konjunkturen Themen, die unterzugehen drohen, aufgegriffen und eingebracht werden. Inzwischen wird das AddF mit seinen unikalen Beständen und seinen kompetenten Mitarbeiterinnen auch für Auftragsforschung, Gutachten und für fachliche Begleitung bei Funk- und Fernsehproduktionen angesprochen.

→ Bild: Buttons aus der Frauenfriedensbewegung, 1980er-Jahre

→ Zitat rechts:
Lida Gustava Heymann: Die Wichtigkeit der Beteiligung der Frauen an den politischen und kommunalen Wahlen, in: Parlamentarische Angelegenheiten. Beilage der Frauenbewegung, 15.11.1905, Nr. 22, S. 43.

→ Bild übernächste Seite:
Briefe aus dem Nachlass von Erna Saenger (1876 – 1978)

„Wenn die Frauen nur erst mehr geschichtliche Quellenstudien betreiben ..."

Lida Gustava Heymann

1945.

DAS DRITTMITTEL-DILEMMA

Doch auch in der Forschung lebt es sich nicht sorgenfrei. Denn die Anerkennung als •*außeruniversitäre Forschungseinrichtung* hatte keineswegs einen großen Geldsegen zur Folge. Auch der Forschungsbereich des AddF ist auf Drittmittel angewiesen.

Das Anfang der 1990er-Jahre durchgeführte Projekt *Zur Sozialgeschichte von Menstruation und Hygiene* bildete diesbezüglich eine Besonderheit. Hier wurde nicht nur ein Thema aufgegriffen, das als brisant galt und bis heute tabubesetzt ist. Es gelang dem AddF in diesem Fall auch zum ersten und bisher einzigen Mal, eine Förderung aus der Wirtschaft zu bekommen. Johnson & Johnson, Produzent unter anderem von Tampons und Binden, bezuschusste das Projekt mit einer erheblichen Summe, ohne – und diese Bedingung war maßgeblich – den Inhalt zu beeinflussen oder auf Werbung in der zugehörigen Publikation *Die unpäßliche Frau*[12] zu bestehen.

Dieses Finanzierungsmodell war eine Ausnahme. In der Regel werden für Forschungsprojekte Drittmittel von staatlichen Stellen oder Stiftungen eingeworben, sodass die Entwicklung von Ideen und Schwerpunkten für das Forschungs- und Publikationsprofil des AddF im Vordergrund steht. Forschungsthemen werden gemeinsam entwickelt und Kooperationspartner:innen in anderen Institutionen gesucht.

↑ Cover: Die unpäßliche Frau

12 Sabine Hering / Gudrun Maierhof: Die unpäßliche Frau. Sozialgeschichte der Menstruation und Hygiene 1860–1985, Pfaffenweiler 1991, zweite Auflage, Frankfurt am Main 2002.

→ Bild: Blick in eine Akte des Deutschen Evangelischen Frauenbunds

Bei erfolgreicher Bewilligung von Anträgen werden die Forschungsprojekte in den meisten Fällen in die Hände von Projektmitarbeiterinnen gelegt. Doch schaffen es die festen Mitarbeiterinnen in der Forschungsabteilung auch immer wieder, eigene Projekte umzusetzen und selbst die Nasen tief in die eigenen Quellen zu stecken. Das Einwerben von Drittmitteln erweist sich zunehmend als schwieriges Unterfangen, denn das AddF steht bei Förderanträgen in Konkurrenz zu Universitäten und anderen großen Forschungseinrichtungen, die über eine ungleich bessere Grundausstattung verfügen und damit immer von der Pole-Position aus starten. Zudem erfüllt deren klassische hierarchische Struktur die herkömmlichen Erwartungen an akademische Forschungseinrichtungen eher als das innovative Leitungsteam des AddF. Durch den regen Austausch und die Zusammenarbeit mit Wissenschaftler:innen der Frauen- und Geschlechtergeschichte auf lokaler, nationaler und internationaler Ebene und mit Frauenforschungszentren an Universitäten konnte dennoch im Forschungsbereich einiges erreicht werden. Mit der Universität Kassel besteht ein Kooperationsvertrag, der auch eine Vereinbarung über die Zusammenarbeit bei Verdachtsfällen wissenschaftlichen Fehlverhaltens beinhaltet und damit für die akademische Seriosität der Forschungen des AddF bürgt. Das AddF ist also in vielerlei Hinsicht gut aufgestellt. Nichtsdestotrotz: Drittmittelprojekte zu akquirieren bleibt eine Herausforderung, die immer schwerer zu bewältigen ist.

↓ Zu Studienzwecken im Lesesaal

DER ARIADNEFADEN ZUR ALTEN FRAUENBEWEGUNG

Zur Forschung gehört nicht nur das Forschen, sondern auch das Publizieren. Sehr früh schon wurden deshalb eine Zeitschrift und eine Schriftenreihe geplant und für beides ein eigener Verlag gegründet. Die Namensfindung der Zeitschrift brauchte mehrere Treffen bei Wein und gutem Essen und viele kreative Gedankenspiele. Sie wurde schließlich Ariadne getauft, bezugnehmend auf die mythologische Figur, die mit einem Faden den Weg durch das Labyrinth des Minotauros markiert hatte.[13] Denn die Zeitschrift soll dazu beitragen, den Faden der alten Frauenbewegung wiederzufinden, aufzugreifen und weiterzuspinnen. Bereits mit der zweiten Nummer wurde das bis heute beibehaltene Prinzip der monothematischen Hefte eingeführt. Damit können Forschungsthemen, Jubiläen und aktuelle Diskussionen gleichermaßen in den Blick genommen werden.

13 Vgl. Wikipedia-Eintrag *Ariadne* https://kurzelinks.de/bohf Zugriff 25.07.2023 und die Artikel von Marianne Schmidbaur: Die Abenteuer der Ariadne, in: Ariadne. Almanach des Archivs der deutschen Frauenbewegung, Heft 2/1985, S. 4–5 und Heft 3/1985, S. 4–5.

Die ersten Hefte waren noch von den Archivmitarbeiterinnen komplett selbstgeschrieben, aber schon bald wurden externe Wissenschaftlerinnen und später auch Wissenschaftler einbezogen. Natürlich hat sich das Erscheinungsbild im Laufe der Zeit verändert. Der Leuchttisch mit Schere, Lineal und Fixogum wurde längst von einem Layoutprogramm am PC abgelöst. Von der dreimal jährlichen Erscheinungsweise wurde 1990 auf halbjährlich umgestellt und 2019 auf jährlich. Dafür sind die Ausgaben umfangreicher, gehaltvoller und disziplinenübergreifender geworden. Der Untertitel hat sich von *Almanach des Archivs der deutschen Frauenbewegung* 2001 zu •*Forum für Frauen- und Geschlechtergeschichte* gewandelt.

Eine schöne Bestätigung der fachwissenschaftlichen Bedeutung der Ariadne ist die Tatsache, dass sie als wichtiges Publikationsorgan in der ersten Evaluation der Geschlechterforschung 2023 durch den Wissenschaftsrat Erwähnung fand, so wie dort auch das gesamte AddF als wichtige Einrichtung der Geschlechterforschung hervorgehoben wurde. Schon 20 Jahre zuvor hatte das Land Hessen dem Redaktionsteam den Elisabeth-Selbert-Preis verliehen. Die Jury war „von der Qualität der hervorragenden Aufbereitung der Hefte“, die „die aktuelle Diskussion in der Frauenpolitik und die Ergebnisse der Frauenforschung gelungen zusammenführen“, in „hohem Maße überzeugt“.

↓ Ariadneproduktion am Leuchttisch

Bis 2024 erschienen 80 Hefte der Ariadne und es wird weitergehen; der Faden der Ariadne ist noch lange nicht aufgewickelt.

↑ Links: Stil des ersten Coverlayouts: die Hintergrundfarbe wurde jährlich gewechselt

Mitte: Cover von 2000 bis 2018. Die Hintergrundfarbe blieb gleich, die Farben der kleinen Bilder wechselten

Rechts: Cover seit 2019, die Farbgebung bleibt gleich, die Bilder wechseln

PRINT UND/ODER DIGITAL

Der Ariadnefaden wird aber nicht nur mit der Zeitschrift, sondern mit zahlreichen anderen Print-Publikationen gestaltet und zunehmend auch digital. Die Mitarbeiterinnen publizieren Beiträge in Fachzeitschriften, Forschungsergebnisse werden in der eigenen Schriftenreihe präsentiert, häufiger aber auch in renommierten Verlagen. So erschienen – um wenige Beispiele herauszugreifen – Biografien über Fini Pfannes (1894–1967), Marie Stritt (1855–1928), Anna Pappritz (1861–1939) im Ulrike Helmer Verlag und über Helene Stöcker (1869–1943) bei Böhlau. Ein Band zu Frauenverbänden als Karrierebeschleuniger fasste die Ergebnisse zu Untersuchungen in Frauenverbänden in ihrer Rolle als Netzwerke zusammen. Mit dem Band *Zeitgeschichte als Geschlechtergeschichte. Neue Perspektiven auf die Bundesrepublik* wurden Beiträge einer Tagung präsentiert, die die Gesellschaftsordnung der Bundesrepublik einer geschlechterhistorischen Analyse unterzogen hatte. Etwa seit der Jahrtausendwende fließen Forschungsergebnisse auch in Internetdossiers ein. Einen großen

Schritt in die breitere Öffentlichkeit und in die digitale Wissenschaftskommunikation gab es 2008. In diesem Jahr startete das AddF mit einem •*Dossier zur Geschichte der Frauenbewegung* für die Bundeszentrale für politische Bildung. Seitdem wird dieses Format auch erfolgreich in der eigenen Webpräsenz weiter ausgebaut. Dort werden Personen und Organisationen, aber auch thematische Beiträge präsentiert, mit Bildern und Dokumenten aus den Sammlungen angereichert und mit Hinweisen zu vertiefenden Lektüreoptionen versehen. Seit 2018 schreiben die AddF-Mitarbeiterinnen regelmäßig Beiträge im Portal •*Digitales Deutsches Frauenarchiv*, das für seine Essays ein ganz ähnliches Format gewählt hat.

Die Basis all dessen bilden weiterhin die immer zahlreicher werdenden Quellen, die im AddF gesammelt werden. Und da gab es mit Beginn des neuen Jahrtausends einen beachtenswerten Sprung.

ENDLICH ARCHIV

Im Januar 2000 ging im AddF ein folgenreicher Telefonanruf ein: Ruth Selbert fragte an, ob Interesse am Nachlass ihrer Schwiegermutter bestehe. •*Elisabeth Selbert* (1896–1986), Juristin und SPD-Politikerin ist bekannt geworden als ‚Mutter des Grundgesetzes', weil sie mit tatkräftiger Unterstützung der damaligen SPD-Frauensekretärin Herta Gotthelf 1948/49 im Parlamentarischen Rat bei der Formulierung des Grundgesetzes den •Artikel 3,2: „Männer und Frauen sind gleichberechtigt" durchgesetzt hat. Elisabeth Selbert hatte die Eröffnung des AddF 1984 mit Interesse verfolgt und persönlich einige Kartons mit Presseausschnitten zum § 218 und anderen Themen vorbeigebracht. Ihr umfangreicher Nachlass enthält Unterlagen über ihre Tätigkeit im Parlamentarischen Rat, in der Verfassunggebenden Landesversammlung von Groß-Hessen, im Hessischen Landtag, in den Gremien der Sozialdemokratischen Partei sowie private Korrespondenzen und zahlreiche Fotos. Selbstverständlich wurde das Angebot hocherfreut angenommen.

Dieser Nachlass war nicht nur eine immense Bereicherung für das AddF, er erwies sich auch als eine Art Dammbruch bei der Einwerbung von Nachlässen und Aktenbeständen. Zwar gab es bereits einige Nachlässe, sowie eine Foto- und eine Autographensammlung, aber

→ Bild rechts: Elisabeth Selbert am Schreibtisch im Hintergrund eine Seite des Grundgesetz mit ihren Anstreichungen

I. Die Grundrechte

Artikel 1

(1) Die Würde des Menschen ist unantastbar. Sie zu achten schützen ist Verpflichtung aller staatlichen Gewalt.

(2) Das deutsche Volk bekennt sich darum zu unverletzl unveräußerlichen Menschenrechten als Grundlage jeder me Gemeinschaft, des Friedens und der Gerechtigkeit in der Welt.

(3) Die nachfolgenden Grundrechte binden Gesetzgebung, V und Rechtsprechung als unmittelbar geltendes Recht.

Artikel 2

(1) Jeder hat das Recht auf die freie Entfaltung seiner Pers keit, soweit er nicht die Rechte anderer verletzt und nicht gege verfassungsmäßige Ordnung oder das Sittengesetz verstößt.

(2) Jeder hat das Recht auf Leben und körperliche Unverse Die Freiheit der Person ist unverletzlich. In diese Rechte d Grund eines Gesetzes eingegriffen werden.

Artikel 3

(1) Alle Menschen sind vor dem Gesetze gleich.

(2) Männer und Frauen sind gleichberechtigt.

(3) Niemand darf wegen seines Geschlechtes, sei seiner Rasse, seiner Sprache, seiner Heimat und He bens, seiner religiösen oder politischen Anschauung bevorzugt werden.

Artikel 4

(1) Die Freiheit des Glaubens, des religiösen und weltanschaulichen Beken

(2) Die ungestörte Religionsausüb

(3) Niemand darf gegen sein Waffe gezwungen werden. Das

(1) Jeder hat frei zu äußern

NL-P-11
Elisabeth Selbert
72
NL-P-11
Elisabeth Selbert
69
NL-P-11
Elisabeth Selbert
79
NL-P-11
Elisabeth Selbert
76
NL-P-11
Elisabeth Selbert
80
NL-P-11
Elisabeth Selbert
77
NL-P-11
Elisabeth Selbert
81
NL-P-11
Elisabeth Selbert
78
NL-P-11
Elisabeth Selbert
87
NL-P-11
Elisabeth Selbert
88
NL-P-11
Elisabeth Selbert
89
NL-P-11
Elisabeth Selbert
90

diese aufsehenerregende Schenkung brachte einen deutlichen Aufschwung und zog weitere Neuzugänge nach sich. So etwa den Nachlass von Gabriele Strecker (1904–1983), einer wichtigen Protagonistin der Nachkriegsfrauenbewegung, Journalistin und CDU-Politikerin, ebenso wie den großen und lückenlos erhaltenen Bestand des Deutschen Evangelischen Frauenbundes und den des Allgemeinen Deutschen Frauenvereins, also des Verbandes, mit dem 1865 die organisierte Frauenbewegung ihren Anfang nahm. Auch der Fotobestand war gewachsen und führte zur Idee eines ersten Gemeinschaftsprojektes mit sechs anderen Frauenarchiven. Finanziert von der Volkswagen Stiftung wurden knapp 3.000 Fotos aus der Geschichte der deutschen Frauenbewegung von 1848 bis 1968 in einem ‚Sachthematischen Inventar', also in einer gemeinsamen Datenbank, verzeichnet, verschlagwortet und auf einer CD veröffentlicht. Unter Federführung des AddF waren daran die Archive des Deutschen Evangelischen Frauenbundes, des Katholischen Deutschen Frauenbundes, des Pestalozzi-Fröbel-Hauses und des Lette Vereins sowie das Alice-Salomon-Archiv und das Helene-Lange-Archiv beteiligt.

Zwischenzeitlich war das Bewusstsein dafür gewachsen, dass auch die Bestände der Frauenbewegung in den ersten Jahrzehnten nach 1945 wichtig waren. Deshalb beschloss das AddF zur Jahrtausendwende die Erweiterung des Sammelprofils um die Jahre 1945 bis 1970. Um dies praktisch umzusetzen, wurden in Zusammenarbeit mit dem Deutschen Frauenrat, der Dachorganisation der deutschen Frauenverbände, die Kontakte zu den Frauenorganisationen intensiviert. Systematische Informationspolitik und viele persönliche Beratungen führten dazu, dass zahlreiche Akten, Fotos und andere Unterlagen von Frauenverbänden heute im AddF liegen. Auch der Deutsche Frauenrat selbst hat es zu seinem Archiv erkoren. Mit all diesen Sammlungen ist das AddF heute zum größten Archiv der historischen Frauenbewegung in Deutschland geworden.

POSITION BEZIEHEN

Aber das AddF ist eben nicht nur Forschungsinstitut und Dokumentationszentrum, sondern verstand sich von Beginn an als Teil der Frauenbewegung, es war und ist in der Kasseler Frauenprojekteszene fest verankert.

← Der Nachlass von Elisabeth Selbert im Archiv

Obwohl es dort anfangs freundlich-spöttisch als ‚Lippenstiftfraktion' tituliert wurde – ‚richtige' Feministinnen bauten das Frauenhaus auf und organisierten Demos, Frauengeschichtsforschung und Quellensicherung muteten dagegen recht akademisch-gesittet an – so überwog doch fraglos von allen Seiten immer die Frauensolidarität. Spätestens beim anfangs erwähnten gemeinsamen Einsatz für den Frauenfördertopf formierte sich ein tragfähiger Zusammenhalt; bis heute ist das AddF Teil des •*Kasseler Frauenbündnisses* und an frauenpolitischen Aktionen vor Ort beteiligt.

Der über reine Archiv- und Forschungsarbeit hinausgehende Anspruch war aber auch Antrieb für die Zusammenarbeit mit dem Deutschen Frauenrat, dem auf Initiative des AddF seit vielen Jahren auch der i.d.a.-Dachverband angehört. Und er manifestiert sich im Einsatz der Mitarbeiterinnen in verschiedenen Fachgremien und -verbänden. So hat das AddF durch sein Engagement im •*Verband Deutscher Archivarinnen und Archivare (VdA)* erheblich dazu beigetragen, dass Frauen- und andere Bewegungsarchive in der Fachwelt den Sprung vom ‚was ist das denn' zum ‚must have' geschafft haben und heute als notwendiger Teil der gesellschaftlichen Überlieferung des kulturellen Erbes anerkannt und in ihren Belangen unterstützt werden.

↓ Logo des Kasseler Frauenbündnisses entwickelt von Reinhild Kassing

Schon 1989 war das AddF an der Gründung der, leider nur kurzlebigen, *Bundesarbeitsgemeinschaft autonomer Frauenforschungseinrichtungen* (BAFF) beteiligt, mit dem Ziel, in Forschungsförderung und Forschungspolitik gleiche Bedingungen für freie Einrichtungen durchzusetzen. Seit mehr als 20 Jahren ist es mit feministischen Historiker:innen im •*Arbeitskreis Historische Frauen- und Geschlechterforschung* (AKHFG) aktiv. Der AKHFG diskutiert zurzeit ein Positionspapier zur Geschlechtergeschichte und setzt sich u. a. seit

Jahren dafür ein, den alle zwei Jahre stattfindenden ‚Historikertag' geschlechtergerecht umzubenennen.

Zur Jahrtausendwende hatte sich das AddF somit erfolgreich als ein Zentrum der Überlieferung, Erforschung und Verbreitung von Frauenbewegungsgeschichte positioniert. Es war endgültig den Kinderschuhen entwachsen und hatte auch die Pubertät hinter sich – Zeit für die Gründung eines eigenen Hausstandes.

↓ Aktion des Kasseler Frauenbündnisses in der Innenstadt am Internationalen Frauentag 2014

AKTEURINNEN

WHO IS WHO

ZUM HINTERGRUND

Im aktuellen vom HMWK geförderten Forschungsprojekt •*Die außeruniversitäre Schwester der Frauengeschichte* führte die Projektmitarbeiterin Dr.in Elke Schüller von November 2023 bis Februar 2024 auch Interviews mit Akteurinnen aus dem AddF durch. Auf den folgenden Seiten werden Auszüge daraus und damit Stimmen von ehemaligen Aktiven aus den ersten Aufbaujahren präsentiert.

CLAUDIA BÖLLERSEN, Diplom Sozialarbeiterin/Sozialpädagogin, Weiterbildungsstudium Informationsorganisation, Wissenschaftliche Bibliothekarin; 1992 Studienpraktikum im AddF, Mitarbeit von 1994 bis 1998, Schwerpunkte Bibliothek und Webpräsenzen; heute Sozialpädagogin im Kompetenzteam Inklusion, Kreis Rendsburg-Eckernförde.
→ S. 72

DR.IN GILLA DÖLLE, Staatsexamen für Lehramt Gymnasium, Buchhändlerin, 1997 Promotionsschrift über Finanzierungsstrategien in der Frauenbewegung; Mitarbeit im AddF von 1983 bis zum Renteneintritt 2021, im Leitungsteam ab den 1990er Jahren; Schwerpunkte: Bildung und Finanzen/Organisation; heute aktiv im Vorstand des Fördervereins „Freundinnen des Archivs der deutschen Frauenbewegung e.V.".
→ S. 73

PROF. DR.IN SABINE HERING, Sozialwissenschaftlerin mit dem Schwerpunkt Geschichte, Initiatorin und Gründerin des AddF, Mitarbeit von 1983 bis 1991, Schwerpunkt Forschung, gehörte von 1983 dem Vereinsvorstand und von 2003 bis 2012 dem Stiftungsvorstand an; von 1993 bis 2012 Professorin für Gender, Sozialpädagogik und Wohlfahrtsgeschichte Universität Siegen; beratend tätig beim Aufbau des Digitalen Deutschen Frauenarchivs, heute vielfältig ehrenamtlich aktiv, u.a. Frauenpolitischer Rat des Landes Brandenburg, Vorsitzende der Historischen Kommission der SPD Brandenburg.
→ S. 80

PETRA KLOS, Rechtsanwalts- und Notariatsgehilfin, Sozialpädagogin; Mitarbeit im AddF von 1986 bis 1990; Schwerpunkte: Bildung und Ausstellungen; heute im Ruhestand.
→ S. 84.

PROF. DR.IN GUDRUN MAIERHOF, Diplom Sozialarbeiterin/Sozialpädagogin; 2000 Promotionsschrift über Frauen in der jüdischen Selbsthilfe, Mitarbeit im AddF von 1986 bis 1993, Schwerpunkte: Forschung und Publikationen; heute Professorin für Geschichte und Methodenkompetenz an der Frankfurt University of Applied Sciences im Fachbereich Soziale Arbeit und Gesundheit.
→ S. 86

DR.IN MARIANNE SCHMIDBAUR, Soziologin, 2002 Promotionsschrift über Krankenpflege im 20. Jahrhundert, Mitarbeit im AddF von 1983 bis 1988 Schwerpunkt: Forschung; arbeitete u.a. als wissenschaftliche Geschäftsführerin des Cornelia Goethe Centrums für Frauenstudien und die Erforschung der Geschlechterverhältnisse der Goethe Universität Frankfurt a.M., heute im Ruhestand.
→ S. 92

MARIELUIS SCHRAGE, Lehrerin, Sympathisantin von Beginn an, ehrenamtliche Mitarbeit im AddF von 1988 bis 2020 im Bereich Sammlungen, heute im Ruhestand.
→ S. 96

DR.IN ELKE SPITZER, Lehrerin, 2001 Promotionsschrift über Geschlechterdiskurse um 1800, ehrenamtliche Mitarbeit im AddF seit 1988 im Bereich Sammlungen und beteiligt an den Lesungen, gehörte von 1988 dem Vereinsvorstand und von 2003 bis 2019 dem Stiftungsvorstand des AddF an, heute im Ruhestand.
→ S. 98

NANDI VERGARA-GOMEZ, Ausbildung als Justizangestellte, Fremdsprachensekretärin, Mitarbeit im AddF von 1984 bis 1988 über eine ABM-Tätigkeit, heute Bereichsassistenz im Fraunhofer-Institut für Energiewirtschaft und Energiesystemtechnik IEE in Kassel.
→ S. 104

CORNELIA WENZEL, Wissenschaftliche Dokumentarin, war von 1983 bis zum Renteneintritt 2020 Mitarbeiterin des AddF und leitete über viele Jahre den Archivbereich; Schwerpunkte: Sammlungen, Ariadneredaktion und Publikationen sowie Vernetzung im Archivwesen; heute aktiv im Vorstand des Archivs für alternatives Schrifttum (afas) in Duisburg und weiterhin freiberuflich für das AddF tätig. Sie publiziert zu Themen und Akteurinnen der Frauenbewegung und über Bewegungsarchive.
→ S. 105

PROF. DR.IN LEONIE WAGNER, Diplom Sozialarbeiterin/Sozialpädagogin, 1995 Promotionsschrift über Weiblichkeitskonzeptionen und Politikverständnis von führenden Frauen im Nationalsozialismus, Mitarbeit im AddF von 1988 bis 1998, Schwerpunkte Forschung und Publikationen, heute Professorin für Pädagogik und Soziale Arbeit am Fachbereich Soziale Arbeit und Gesundheit an der HAWK-Fachhochschule Holzminden.
→ S. 112

HANNE WIEDNER, Lehrerin, Mitgründerin des AddF, aktiv von 1983 bis zu ihrem Tod 2008 im Bereich Bildung/Veranstaltungen und vehement engagiert in allen Grundsatzdiskussionen.
→ S. 116

ROSA M. WINHEIM, Industriekauffrau, Studium des Sozialwesens und Magisterstudium in Erziehungswissenschaften, Philosophie und Kunstwissenschaften; Mitarbeit im AddF von 1990 bis 1993, Schwerpunkt: Bildungsarbeit und Stadtrundfahrt; später Referentin im Hessischen Ministerium für Soziales und Integration, heute im Ruhestand.
→ S. 118

ZUGEHÖRIGKEIT ZU EINEM FRAUENPROJEKT

↓

* Wie hast Du ursprünglich vom AddF erfahren?

CLAUDIA BÖLLERSEN Erstens weil es ein Anbieter von Praktika während des Studiums war. Zweitens weil ich sehr engagiert in der Kasseler Frauen-Lesben-Szene war und natürlich das Archiv kannte. (...) Aber ich habe es eher lose am Rande in der Frauen-Lesben-Szene gesehen. (...) Es hatte immer auch ein bisschen einen anderen Status, weil es schon damals anders aufgestellt war. Also im Sinne davon, dass es andere Rahmenbedingungen hatte, wie mehr Geld und eben auch mehrere Frauen beschäftigen konnte.

* Was waren Deine inhaltlichen und persönlichen Motive, im AddF mitzuarbeiten?

C.B. Na ja, es war ein Frauenprojekt. Und ich habe mich dem ja sehr zugehörig gefühlt damals und es bietet eben viele verschiedene Tätigkeitsfelder, die mich persönlich sehr angesprochen haben. Also ich habe durchs Archiv (...) vor allen Dingen die Bibliothek schätzen und lieben gelernt. (...)

* Hattest Du einen Schwerpunkt bei Deiner Arbeit im AddF?

C.B. Neben der Bibliothek wurde die Entwicklung der Webseite mein Thema. (...) Ich habe ja gegen Ende meiner Zeit im AddF ein Weiterbildungsstudium „Informationsorganisation" gemacht und nachdem ich dann aufgehört habe, im Archiv zu arbeiten, habe ich ja noch viele Jahre danach, die Webseite weiter gepflegt (...) und war darüber dem Archiv noch lange verbunden. Also da hatte ich immer das Gefühl, meine Expertise wird da auch an vielen Stellen anerkannt. (...) Und 1998 habe ich ja auch in der „Ariadne" zwei Artikel geschrieben über Ein- und Ausblicke der Computernutzung in Frauenarchiven bzw. das AddF als Nutzerin und Anbieterin im Internet. Das war eins meiner heißgeliebten Hefte und Themen.

* Wie siehst Du Deine Mitarbeit im AddF im Nachhinein?

C.B. Das Archiv hat mir damals so eine Bandbreite an Möglichkeiten gegeben, dass ich mit einem guten Fundament weiterziehen konnte in mein weiteres berufliches Leben. Und ich bin ja auch nicht gegangen, weil ich irgendwie vom Archiv nicht überzeugt gewesen wäre, sondern einerseits wollte ich den örtlichen Wechsel, andererseits (...) wollte ich ehrlich gesagt einfach irgendwo angestellt arbeiten. Es war so eine große Verantwortung, zwar schon als Team zu arbeiten, aber im Grunde doch so eine Art Selbstständigkeit zu haben, da habe ich irgendwann gemerkt, ich will was anderes im Leben.

„Ich glaube, dass das Archiv einfach bestehen bleiben muss!"

ÜBERZEUGUNGSTÄTERINNEN MIT VIEL DURCHHALTEVERMÖGEN
↓

* Wann und wie hast Du von den Plänen für die Gründung eines Archivs der deutschen Frauenbewegung erfahren?

DR.IN GILLA DÖLLE Sabine Hering hatte im Frauenbuchladen hier in Kassel erzählt, dass sie ein Archiv der deutschen Frauenbewegung gründen wollte und dafür Mitstreiterinnen sucht. (…) Ich wusste nicht mehr, als diesen einen kurzen Satz, aber für mich war klar: Das muss ich machen! Und daraufhin habe ich Sabine den ganzen Tag angerufen (…) und als ich sie am späteren Abend erreichte, hatte ich die Befürchtung, dass sie sagt: „Sorry, du bist zu spät. Es haben sich im Laufe des Tages so viele gemeldet, ich brauche keine mehr." War aber nicht so, ich war die Einzige und blieb auch für viele Wochen die Einzige. Aber ich hatte die irrsinnige Idee, dass alle diese Idee faszinierend finden und mitmachen wollen. (…) Die Liebe zum Buch, dazu, etwas selber zu machen, die Liebe zur Frauenbewegung, zu einem Projekt, das alles, denke ich, war für mich passend. (…) Und ich bin eher auch eine, die gerne Projekte aufbaut und nicht in etwas Fertiges einsteigt. Das waren dann alles so Mosaiksteinchen, glaube ich, die zusammenkamen, wo ich dachte: „Mensch, das passt für mich."

* Du hast es also durchaus auch als feministischen Akt empfunden, dabei mitzumachen?

G.D. Ja, das passte alles. Ich hatte anfangs nicht die Vorstellung, dass das meine Berufstätigkeit würde. Aber das war uns damals auch shit egal. Also wir machten nicht Sachen, weil wir dachten, dass wir Karriere machen, weil wir da gut verdienen würden – der Langzeitverbeamtung hatte ich doch so und so abgeschworen. Eigentlich lebte man im Hier und Jetzt und wollte was bewegen. Und machte Sachen, die einen interessierten und von denen man auch die Idee hatte, dass man damit etwas bewegen kann. Und alles Andere war unwichtig. (…) Und die Zeit war einfach damals eine Aufbruchszeit, wo man sich gerne in solche Projekte reinstürzte.

* Was waren denn die inhaltlichen und bewegungspolitischen Vorstellungen für dieses neu zu gründende Projekt und gab es von vornherein Ideen, die über ein klassisches Archiv hinaus gedacht waren?

G.D. Ja, die gab es. Natürlich noch nicht so ausformuliert. Es ging ja rasant schnell. Ich denke wir waren uns vom ersten Tag an – also auch Sabine und ich und auch alle, die dann im Laufe der nächsten Monate dazu kamen – sofort einig. Ich weiß gar nicht, ob wir darüber lange diskutiert haben; dass es kein klassisches Archiv sein sollte. Wir kamen alle nicht aus dem Archivwesen – wir kamen vom Inhalt, das heißt, wir kamen mehr oder weniger aus der Frauenbewegung, hatten uns entweder im Beruf, im Studium, oder wo auch immer mit Frauenthemen – wie es damals ja hieß – beschäftigt, teilweise auch wissenschaftlich oder aber einfach in Aktionen und Aktivitäten. Diejenigen, die direkt von der Uni kamen, hatten sich im Studium natürlich mit Frauengeschichte, Frauenthemen beschäftigt. Die außerhalb der Hochschule hatten angefangen, in ihren Bereichen frauenpolitische Projekte anzustoßen – gerade auch in der Schule, wie Hanne zum Beispiel. Oder man hatte schon immer ein gewisses Maß an historischem Verständnis und mit der Frauenbewegung, die damals noch unglaublich geschichtslos war, so verknüpfte sich das.

Man hatte wenig Vorstellung davon, dass es früher schon mal eine Frauenbewegung gab, die nicht nur eine kleine Randnotiz war. Und von daher, glaube ich, da wir alle aus den Bereichen Forschung und Bildung kamen und das auch die Felder waren, in denen wir uns mal später verorten würden oder auch bereits verorteten, war für uns von Anfang an klar, dass wir mit den Materialien arbeiten wollen. Also ein – wie wir, glaube ich, damals gesagt haben – ‚totes' Archiv konnten wir uns nicht vorstellen. Die Sachen sollten leben und wir wollten damit etwas machen. Wir wollten der Forschung was machen und dafür brauchen wir diese Materialien. Die Erfahrung war, dass es für viele soziale Bewegungen des 19. Jahrhunderts Orte gab, wo die Materialien lagen, aber der Befund war auch, dass es für die Frauenbewegung eben keinen Ort gab. Und das hat uns natürlich tierisch gefuchst, so nach dem Motto: typisch, wie immer. Natürlich haben wir irgendwann auch verstanden, dass es viele Gründe gab, warum es diese Materialien nicht gab – aber einer lag in der Missachtung von Frauen und Frauenthemen. Und das war natürlich unser Motor. Wir wollten immer – und das steht auch in der Satzung von Beginn an – dass es diese drei Säulen geben soll, gedacht war, dass mit den Materialien gearbeitet werden soll. Und wir haben uns immer einen ganz lebendigen Ort vorgestellt.

Als zeitliche Abgrenzung hatten wir damals die Zeit von 1848 bis 1933. Ich

„Von heute aus betrachtet finde ich, dass wir damals etwas wahnsinnig oder gar grössenwahnsinnig waren – aber damals fanden wir das ganz normal."

die Themen an die Frau bringen und das ging natürlich nicht, wenn wir das Material einfach in irgendwelche Kästen stecken würden. Wobei wir auch, ehrlicherweise, nicht viele Ideen hatten von einem Archiv. Wir haben die ersten Jahre eher am Aufbau der Bibliothek gearbeitet und das Archiv kam dann sehr viel später in entsprechendem Umfang dazu.

Für uns war von Anfang an klar: Es muss Veranstaltungen geben, wir müssen Öffentlichkeitsarbeit machen, wir wollen Projekte starten, wir wollen in glaube, wir haben irgendwann auch eine Satzungsänderung gemacht, (...) weil mit der Zeit klar wurde, dass das so nicht sinnvoll ist. Aber wir hatten diesen Bruch der Frauenbewegung im Kopf, dass nach 1933 viele Fäden aus der Geschichte der Frauenbewegung abgebrochen sind.

Der differenziertere Blick, dass es natürlich trotzdem viele Kontinuitäten gibt und auch die ganzen Frauenverbände nach 1945 in diese Tradition gehören, der kam erst später und uns wurde dann klar, dass wir natürlich diesen

Schnitt mit 1933 und auch mit 1945 so nicht machen können, dass er inhaltlich blödsinnig ist. (...) Auch wenn die Radikalen in der alten Frauenbewegung unsere Lieblinge waren, finde ich es immer noch total richtig und sinnvoll, dass wir bis heute die historische Frauenbewegung in ihrer ganzen Breite sammeln.

* Und die neue, also die damals aktuelle Frauenbewegung hat Euch in diesem Zusammenhang nicht interessiert.

G.D. Nein, wir wollten die Geschichte dokumentieren. Sie hat uns natürlich interessiert, weil sie ein Teil dieser Frauenbewegung war. (...) Deswegen entstand eigentlich die Idee, möglichst zu schauen, was kann man aus dieser Zeit noch retten, denn uns war schon klar, dass die Zeit läuft oder schon weit gelaufen ist.

* Welche Vorstellungen gab es anfangs hinsichtlich der Finanzierung? Habt Ihr von vornherein, ob realisierbar oder nicht, darauf gehofft, dass Ihr dann irgendwann alle bezahlt werden könnt?

G.D. Also uns war von Vornherein klar, wenn wir das ernsthaft betreiben und nicht nur so ein ‚kleines Hobbyprojekt' ins Leben rufen wollen, dann geht das nicht so, wie wir angefangen haben. Wir hatten die klare Vorstellung, das ist eine öffentliche Aufgabe. Weil jahrzehntelang verbaselt worden ist, ein solches Archiv aufzubauen und von daher haben wir nun das gute Recht, dass das auch öffentlich finanziert wird, weil wir endlich diese Lücke, die es da gibt, schließen wollten. Und von daher waren wir hundert Prozent überzeugt, dass es dafür öffentliche Gelder geben müsse.

* Aber es gab ja damals auch in der Frauenbewegung ganz heftige Debatten über die sog. ‚Staatsknete', ob man die will oder nicht. Wie war die Diskussion hier, spielte das überhaupt eine Rolle?

G.D. Ja, wir gehörten zu der Fraktion, dass es ‚Staatsknete' braucht, weil das eine öffentliche Aufgabe ist, die eigentlich, wie gesagt, schon längst hätte in die Hand genommen und finanziert werden müssen. Wir sind sehr eng in einem Verbund der hiesigen Frauenprojekte in Kassel. Und da gab es sehr unterschiedliche Positionen. Da gab es die Position, dass ‚Staatsknete' nicht anzunehmen ist, weil man befürchtete, dass es dann Einflussnahme gibt und dass man das alles nicht will und deshalb ‚Staatsknete' per se ablehnt. Aber es gab natürlich auch die große Debatte, dass das auch heißt, dass diese Arbeit, die eigentlich gesellschaftlich notwendig ist, von uns ehrenamtlich geleistet wird. Und das kann es nicht sein.

In den Kasseler Frauenprojekten gab es einen Zusammenschluss von allen, die meinten, dass die Stadt auch für solche Sachen aufkommen müsse. Weil wir damals, so erinnere ich mich, sehr entsetzt waren, dass es im städtischen Haushalt eine Beihilfeliste gab mit nichtstädtischen Aufgaben, die freiwillig finanziert wurden.

Da kriegte ein Sportverein etwas und ich weiß nicht wer alles. Aber Frauen kamen nicht vor. Und als wir diese Liste mal in der Hand hatten, waren wir natürlich total empört und fanden, klar, fünfzig Prozent dieses Geldes muss an Frauen gehen. Da sind wir nie hingekommen, aber sechs Projekte haben es dann durchaus geschafft, mit Hilfe einiger Politikerinnen innerhalb des Stadtparlamentes mit auf diese Liste zu kommen. Manche, die keine eigene Organisationsform hatten, haben wir sozusagen Huckepack beim Projekt mitgenommen. Ich würde das mal so um 1985 ansiedeln. Aber da gab es viele Debatten und es war uns auch klar, wir müssen immer dafür streiten, weil freiwillig gibt uns niemand etwas. In diesem Zusammenschluss haben wir dann lange jedes Jahr eine große Aktion gemacht vor dem Rathaus oder wo auch immer, die möglichst pressewirksam war, um zu sagen: „Wir, die Frauenprojekte, müssen weiterfinanziert werden." (...)

Wir konnten durchaus alle gut Druck machen und mit viel Verve für die eigenen Interessen eintreten. (...). Ich erinnere mich an einen Spruch, den finde ich sehr bezeichnend für uns: „Die können auch laut werden." (lacht) (...) Also wir sind eigentlich sehr nett und freundlich, aber wir konnten dann auch mal sagen: „Nein, jetzt reicht es. Jetzt ist mal Schicht im Karton." Und der Ruf ging uns dann auch voraus, dass man mit uns auch nicht nur gut Kirschen essen kann – was ja nicht schlecht ist!

„Auch wenn die Radikalen in der alten Frauenbewegung unsere Lieblinge waren, finde ich es immer noch total richtig und sinnvoll, dass wir bis heute die historische Frauenbewegung in ihrer ganzen Breite sammeln."

* Wie klappte es im Alltag mit Eurem Konzept, ohne formale Hierarchien auskommen zu wollen?

G.D. (...) Das ist natürlich auch eine Außenwahrnehmung, die ja auch was macht. Und wo eine, je nachdem, in welchem Bereich wir auftreten, dann schnell zur Leiterin gemacht wird. (...) Gerade in der Presse, wenn dort mal wieder in einem Artikel von der „Leiterin des Archivs der deutschen Frauenbewegung" geschrieben wurde und man dann nachgefragt hat: „Wie kommen Sie darauf? Das steht nirgends und wir haben auch keine Leiterin." Dann hieß es: „Ach so, ja, ich dachte." Nach außen haben wir es nie geschafft, und ich weiß auch nicht, ob man das schaffen kann, wirklich zu transportieren, dass wir keine formalen Hierarchien haben. (...) Die Außenwahrnehmung ist ein großes Problem dabei. Und das gab manchmal natürlich auch intern Ärger, wenn zum dritten Mal in einem Artikel steht, Du bist die Leiterin. Dann steht die Frage im Raum: „Wieso konnte sie das schreiben? Was hast du ihr denn gesagt? Oder was hat bewirkt, dass sie das so schreibt?" Oft ist das von der anderen Seite sehr blauäugig, weil sie sich einfach gar nicht vorstellen kann, dass es anders ist. Das haben wir, glaube ich, sehr oft unterschätzt und als wir angefangen hatten, das besser zu verstehen, haben wir versucht, gegenzusteuern mit einem Konzept, dass wir bestimmte Termine gerne zu zweit machen. Das hat natürlich den Sinn, dass Du zum einen weißt: Oh, wenn der einen nichts einfällt, wird die andere dann schon draufkommen oder sie kann sich in dem Moment einschalten, weil sie einfach einen besseren Draht dazu hat. Aber zum anderen geht es auch darum, dem entgegenzuwirken, dass das immer auf wenige Personen zuläuft. (...) Aber inzwischen sind wir eher an dem Punkt, dass wir sagen: „Okay, für den Bereich ist die die Zuständige. Punkt." Und dann ist es auch nicht schlimm.

* Das AddF hat sich ja in der Zeit, in der es besteht, unglaublich professionalisiert, ist sehr groß geworden und hat sich, denke ich, auch ein Stück weit etabliert. Wie habt ihr das geschafft?

G.D. Vielleicht schon wirklich mit Connys Satz, dass wir Überzeugungstäterinnen waren und dass wir in einer Konstellation zusammengekommen sind, wo wir alle viel, viel, viel, viel wollten und auch viel Durchhaltevermögen mitgebracht haben. (...) Vielleicht haben sich aber auch durch Zufall genau solche Persönlichkeiten getroffen, wo es miteinander ging. (...) Was ich auch sehr schätze, ist, dass wir durchaus sehr, sehr unterschiedlich waren und sind. Aber wir haben uns immer in unserer Unterschiedlichkeit gelassen und uns nicht nur akzeptiert, sondern auch die jeweils andere in ihren ganzen Kompetenzen in vollster Art und Weise anerkannt und gesagt: „Okay, da vertraue ich hundert Prozent drauf." (...) Wir hatten von vornherein die Idee, dass wir daraus ein professionelles Projekt machen wollen. (...) Das Grundverständnis war, wir wollen versuchen, das so auf die Beine zu stellen, dass es funktioniert und nicht ein Projekt machen, wo wir mal zwei, drei Jahre dran arbeiten und dann weiß man nicht, was weiter passiert. Und vielleicht war diese gemeinsame Vorstellung diejenige, die dann auch zu einem anderen Agieren als in manch anderen Projekten führte.

* Wie siehst Du die Zukunft des Archivs?

G.D. Ich sehe das Archiv hoffentlich in den nächsten zehn Jahren in anderen Räumlichkeiten, (...) damit dieses seit 40 Jahren immer wieder nach Räumen Suchen mal ein Ende hat, weil das viel, viel Energie und Kraft gekostet hat und noch kostet. Und ich sehe die Bestände des Archivs noch weiter wachsen, und zwar in sehr großem Umfang – was ich mir am Anfang nie hätte denken können. (...) Ich hoffe natürlich auch sehr, dass es finanziell nicht nochmal bergab geht, sondern eher weiter bergauf.

Und dass diese elendigen Projektförderungen für die Grundförderung aufhören und die Basis doch etwas gesettelter wird.

Ich würde mir sehr wünschen, dass dadurch dieses Personalkarussell, das in den letzten Jahren doch immer arg in Schwung geblieben ist, angehalten werden könnte. (...) Natürlich können da immer auch neue Projekte dazu kommen, die dann aber reale Projekte sein sollten und ich glaube, es ist auch gut, wenn dann immer nochmal jemand von außen dazu kommt. Bisher habe ich da wenig Bedenken, dass es keine Frauen gibt, die das interessiert. Das kann ich mir wahrscheinlich einfach gar nicht vorstellen (lacht), weil ich denke, das ist einfach so spannend. Und es wäre toll, wenn die Stiftung floriert. Da, fürchte ich, brauchen wir aber noch einen sehr langen Atem, das könnten dann mehr als zehn oder zwanzig Jahre werden. Ansonsten gucken wir zum 50.!

1

Die Ehe ist kein Ersatz für einen guten Arbeitsplatz.
40 JAHRE INTERNATIONALER FRAUENTA

2

3

4

5

6

7

8

9

10

11

EINE UNGLAUBLICHE SPIRALE VON ERFOLGEN NACH LANGER ZEIT DER OPFERBEREITSCHAFT FÜR DIE SACHE
↓

* Wie kam eigentlich bei Dir als Initiatorin die Idee auf, so etwas zu gründen wie das Archiv der deutschen Frauenbewegung?

PROF. DR.IN SABINE HERING Es gibt eine relativ lange Vorgeschichte. Die beginnt ganz woanders nämlich im Bereich der Wohlfahrtspflege. Ich bin Anfang der 80er Jahre mit meiner Mitbewohnerin Edith Kramer auf eine Tagung der Gilde Soziale Arbeit gefahren. Das ist eine Organisation von Sozialpädagoginnen und Sozialpädagogen, die Mitte der 1920er Jahre gegründet worden ist. Jedes Jahr gab es eine Tagung und abends Kamingespräche, wo die Alten aus ihrem Leben erzählten.

Edith und ich saßen dann da und haben uns das angehört. Es hat uns nicht besonders verwundert, dass Männer ihr Leben anders erzählen als Frauen. Das machte uns aber neugierig auf das, was hinter den weiblichen Biografien steckte.

Dann haben wir uns aufgemacht und sind dann durch die Republik gereist und haben diese Frauen besucht und interviewt. Wir haben eigentlich gedacht, die erzählen uns jetzt was über die Frauenbewegung. Dann mussten wir aber sehr schnell merken, das ist gar nicht deren Thema, deren Thema war die Jugendbewegung. „Frauenbewegung?", sagten die, „Nein, das waren unsere Mütter mit den großen Hüten und ihrem ganzen Suffragettengehabe. Wir Jungen, wir wollten wandern, auch mit Männern, und diese andere Form von Lebensstil und Freiheit für uns realisieren." Wir saßen jetzt also vor einer Schnittstelle zwischen Frauen- und Jugendbewegung und sagten: „Na gut, das hatten wir uns anders vorgestellt, aber dem kann man ja mal nachgehen." Und dann sind wir auf die Burg Ludwigstein gefahren ins Archiv der deutschen Jugendbewegung und haben da mehrere Tage gesessen und uns angeguckt wie Mädchenbünde entstanden sind, was die als Selbstverständnis für sich dokumentiert haben, wie die Verbindung zu den Männerbünden war usw. Also wir haben uns über Frauen in der Jugendbewegung kundig gemacht.

Und dann sagten wir: „So und nun müssen wir uns um die Frauenbewegung kümmern." Das war schwierig. Es gab damals nur ganz, ganz wenig Nachschlagewerke, es gab keine Personen, die man mal hätte fragen können, was wo liegt, ob es Forschungen dazu gibt. Es war definitiv so, dass es dazu nichts zu finden gab. Deshalb bot sich der Gedanke an: Man müsste eigentlich auch mal ein Archiv der deutschen

„Was wollten wir werden? Reich und Berühmt!"

Frauenbewegung gründen – ebenso wie es ein Archiv der deutschen Jugendbewegung gibt.

Alles gut, aber nun stellte sich die Frage: „Wie finanziert sich das, wie kann man das machen?" Wir haben uns erst mal sehr am Ludwigstein orientiert und gefragt: „Wo bekommen die ihr Geld her und wie machen wir das?" Die waren natürlich sehr viel besser aufgestellt in Sachen Akquise von Mitteln, Institutionalisierung auf breiter Ebene in Hessen und über Hessen hinaus, weil die Jugendbewegten waren dann die alten weißen Männer mit Einfluss und Geld. Das heißt, die hatten in ihren Reihen alle möglichen Staatssekretäre, Professoren etc. und deshalb überhaupt keine Mühe für ihre Reputation und ihr Standing Unterstützung und Finanzierung zu finden.

Es gab an den deutschen Universitäten in dieser Zeit, also 1982/83, zwar schon es eine Reihe Professorinnen, aber keine einzige mit einer Professur zur Geschichte der Frauenbewegung. Und keine, die damals über den erforderlichen Einfluss verfügt hätte, um so ein Projekt auf die Schiene zu bringen.

Das heißt, wir mussten auf ganz kleiner Stufe, niederschwellig anfangen, eigentlich mit Nix. Ich wusste, ich kann das nicht alleine machen, sondern ich suche mir jetzt erstmal Frauen, die auch finden, da müsste jetzt mal was passieren und die vielleicht mitmachen können. Der Frauenbuchladen „Aradia" war damals bei mir um die Ecke. Ich habe da einen Zettel hingehängt, dass ich gerne ein Archiv der deutschen Frauenbewegung gründen würde und dazu einlade, sich am folgenden Montag im Buchladen einzufinden. Und ich weiß, dass Gilla, die damals ja im Buchladen arbeitete, den Zettel gesehen hat und ganz aufgeregt war und fast nicht bis zum Montag warten konnte, weil sie dachte, „da sind sicher hunderte von Frauen und ich komme zu spät und die nimmt mich nicht mehr." Wir waren aber an diesem Montag zu zweit.

Und dann stellten wir uns die Frage: „Wie kann man vorgehen? Wie kommt man zu Räumen?" Das ging dann über Manfred Zalfen ganz gut, der war ja bei der VHS und hat uns die Tür geöffnet zum Bürgerhaus Helleböhn, wo wir zumindest erst einmal sagen konnten: „Da tragen wir zunächst mal unsere eigenen Bücher hin, – das war ungefähr so ein halber Meter – tun das ins Regal und haben dann erst einmal einen Standort". Dann war die nächste Überlegung – es war ja die Zeit der Arbeitsbeschaffungsmaßnahmen: Man könnte ja versuchen, über solche ABM-Stellen sowas wie Personalmittel für ein, zwei oder maximal drei Frauen bereitzustellen,

„Wir mussten auf ganz kleiner Stufe, niederschwellig anfangen, eigentlich mit Nix. Ich wusste, ich kann das nicht alleine machen, sondern ich suche mir jetzt erstmal Frauen."

denn es war klar: Das ist kein Projekt zu zweit. Damit begann die nächste Phase, wo sich dann noch andere fanden – das waren Hanne Wiedner und noch eine Kollegin von ihr, die auch Lehrerin war, die am Anfang viel geholfen hat, Dorothea Lippert. Wir waren dann also so fünf, sechs, maximal sieben Frauen, die gesagt haben: „Ja, das wollen wir!" Dann bekamen wir tatsächlich eine ABM-Stelle und zwar für die erste Sekretärin, für Nandi Vergara-Gomez. Das war die erste feste Stelle und damit war dann auch schon so etwas wie Präsenz und Bestellen und Anträge tippen usw. gewährleistet.

Dann haben wir relativ schnell angefangen, uns Gedanken zu machen über die Aufgabenfelder als Archiv und Dokumentationszentrum, also diese Trias aus Sammeln, Bildungs- und Kulturarbeit und Forschen. Dann kam die Idee, die „Ariadne" zu machen – damals, glaub ich, monatlich. Nach heutigen Standards würde man natürlich fragen, was das denn war, aber für uns war es der Weg, uns überhaupt mit den Protagonistinnen vertraut zu machen. Wir waren damals ja in der Situation, wo man wusste, es gab Helene Lange und Clara Zetkin. Aber wen eigentlich noch? Wir hatten dann also die Möglichkeit nach anderen Frauen zu suchen und zu fragen: Was ist denn der Bund deutscher Frauenvereine? Wie war damals die Struktur?" Was gab es schon alles, was wir alles gar nicht gewusst haben. Das war das Aufregende am Anfang, sich überhaupt klar zu machen: Was war damals Frauenbewegung, was haben die schon geschrieben und was haben die alles Wunderbares gemacht? Das war also die erste Zeit!

„Dieses Aufregende am Anfang, sich überhaupt klar zu machen: Was war damals Frauenbewegung, was haben die schon geschrieben und was haben die alles Wunderbares gemacht? Das war also die erste Zeit!"

✱ Wie war denn die Resonanz auf die Gründung des AddF in der Stadt Kassel, in der Frauenszene oder auch überregional oder auch in der Wissenschaft?

S.H. Desinteressiert! Ich hatte ja ein paar Kontakte ins Frauenhaus, weil das ein Studienprojekt war, das ich an der Uni betreut habe. Die hatten aber null Interesse und waren auch da irgendwie far, far away. Von daher gab es wenig Unterstützung. Es gab ein paar Sozialarbeiterinnen, die auch früher bei mir Studentinnen waren, die sich ein bisschen interessierten. Frauenverbände, Frauen, die Parteipolitik machten, die gehörten damals aus unserer Sicht nicht zur Frauenbewegung. Die Vorstellung, dass man mit den Frauenverbänden überhaupt zusammenarbeiten kann, ohne Pickel zu kriegen, das kam erst relativ spät. Lange hatte es große Berührungsängste zwischen den traditionellen Frauenverbänden und der neuen Frauenbewegung gegeben. Und, dass wir dann gelernt haben zusammenzukommen, das war wirklich ein großer Fortschritt, also z.B. zum Deutschen Frauenrat den Zugang zu kriegen, das war verdammt wichtig, ja.

* Ihr habt Euch ja damals mit dem AddF auch von den Hochschulen abgegrenzt und wolltet autonom sein. Kannst Du noch mal begründen, warum?

S.H. Also was meinst Du, wie gerne ich an der Hochschule das gemacht hätte, aber das war für die ja völlig undenkbar, eine Professur für Frauenforschung, ha, ha, ha, einzurichten. „Wo gibt es denn so was? Ja, und dann noch Frauengeschichtsforschung, wie lächerlich ist denn das?" (...) Und heute gibt es schon wieder einen problematischen Rückgang an Frauengeschichtsforschung an den Universitäten. Da kann das Archiv natürlich eine wichtige Alternative sein und ein wichtiges Gegengewicht. Aber was im Augenblick an Frauengeschichtsforschung in den Universitäten läuft, kannst Du unter einer geschlossenen Tür durchschieben. (...) Ich sehe die Entwicklung von der Frauenforschung zur Genderforschung durchaus kritisch. (...) Diese inhaltliche Verschiebung ist der „Sündenfall", würde ich sagen, weil das der Einfall von Männern in die Profession war. Und ich erzähle immer gern die Geschichte. Wir haben in Siegen, wo ich Prorektorin war, mit viel Kraft und Aufwand in allen vier Fakultäten eine Genderprofessur durchgesetzt. Ergebnis: Eine Frau, drei Männer! Und das ist genau das, was wir eigentlich nicht gewollt haben damit.

* Wenn Du jetzt noch mal auf das AddF in seiner 40-jährigen Geschichte zurückblickst: Wie würdest Du kurz zusammengefasst die Entwicklung schildern?

S.H. Per aspera ad astra! Es hat wirklich ganz klein angefangen, diese Anfangssituation in Helleböhn mit diesen ungefähr dreißig Büchern in diesem fürchterlichen Bürgerhaus, bis hin zu diesem ständig noch expandierenden Gebäude in der Gottschalkstraße, wo Zusatzräume angemietet werden müssen und, ja, im Prinzip „Glanz und Gloria" herrscht. Das ist eine unglaubliche Spirale von Erfolgen und aber auch von ganz langer Zeit der Opferbereitschaft für die Sache, aber am Ende dann eben völlig zu Recht mit großem Erfolg gekrönt.

DIE ALTEN SACHEN NICHT EINFACH LIEGEN LASSEN

↓

∗ Was waren Deine inhaltlichen und persönlichen Erwartungen an die Mitarbeit im AddF?

PETRA KLOS Ich war ja relativ früh dabei und ich finde, Anfängen, wie es so schön heißt, wohnt ein besonderer Zauber inne. (lacht) Und ein solches Projekt voranzubringen und dabei zu sein, finde ich sowieso enorm reizvoll. (...) Inhaltlich war mir ganz wichtig – und das war zu dem damaligen Zeitpunkt auch das Interessanteste für mich – die Forschung. Die alten Sachen nicht einfach liegen zu lassen, sondern wirklich wieder ins Bewusstsein zu bringen. Und die Erwartung war, dass es nicht so verloren geht in der Zeit und nicht in Vergessenheit gerät. Weil mir dann klar war, das muss unbedingt einen Platz in der Geschichte haben.

∗ Und gab es einen bestimmten Bereich oder eine bestimmte Aufgabenstellung, bestimmte Themen, an denen Du besonders interessiert warst und an denen Du gearbeitet hast?

P.K. Interessiert war ich immer an Brüchen in der Zeitgeschichte (...) und an Tabuthemen. Wir hatten dann im Archiv ein Buch und auch eine Ausstellung im Sommerweg über Menstruation gemacht mit dem Titel „Fatale Tage" und dann hab ich mir kreativ die Ausstellung ausgedacht. Da hab ich dann Blut vom Schlachthof geholt und irgendwelche Beine mit Blut drapiert und wir haben dann Menstruationsmaterialien in Folie eingeschweißt und an die Wand gehängt – so ein Zeugs. So was liebe ich – so was Kreatives. Die Ausstellung war wirklich spektakulär.

∗ Wie kam es dazu, dass Ihr Euch auf die alte Frauenbewegung konzentriert habt und nicht das Interesse hattet, auch zur neuen zu sammeln?

P.K. Also ich war ja schon im Studium und dann hier in Kassel in der Frauenbewegung dabei – punktuell und partiell am Rande. (...) Ich selber habe eine bestimmte Zeit sehr sympathisiert mit Radikalität in der Frauenbewegung. Ich hatte die Nase voll davon, immer stillzuhalten usw. Und dann gab es ja manchmal so Ideen, radikale Geschichten, also z.B. alle Radiosender zu besetzen und irgendwas auszuschalten. Also das waren wirklich Anarcho-Geschichten. Aber dann ist mir die Erkenntnis gekommen, das wird sowieso nicht funktionieren in diesem Staat. Und auch in der Frauenbewegung wurde ja immer deutlicher, wie zerstritten sie untereinander war, das hat mich sowas von genervt. Und ich dachte: „Wenn die sich zum Teil selber zerfleischen, wende ich mich eher der Bewahrung zu". Das war meins.

∗ Wie war denn das AddF in die lokale Frauenbewegung eingebunden und akzeptiert? Gab es da Konkurrenzen oder eher Solidarität?

P.K. Also Solidarität gab es schon, das war alles ja noch sehr klein und in den Anfängen und von daher waren die auch vernetzt. Aber die Szene, die ein bisschen radikaler war, wie das Frauenhaus oder die Lesbenbewegung, die haben schon so ein bisschen immer gefragt, was denn das Archiv dazu beiträgt, dass sich hier und heute etwas verändert. Das war schon so spürbar ... für mich. Aber es hielt sich im Rahmen.

* Wurde denn auch diskutiert, ob man ‚Staatsknete' nehmen darf oder soll?

P.K.: Ja, das wurde auch diskutiert. Meine Wahrnehmung war, dass das Archiv schon immer sehr bodenständig und realistisch war. Und das fand ich auch gut. Also zu sagen: „Anders bekommen wir das nicht geregelt." Also zu fragen: „Was ist jetzt hier unsere Priorität?" Aber klar: Diskussionen gab es schon.

„Nicht immer bei der Verneinung stehen bleiben – das war mir ganz wichtig."

* Es wurde ja schon früh begonnen mit ‚Klinkenputzen' vor allem bei der Politik, wie es in einem der Plenumsbücher stand. Das haben nicht viele Projekte gemacht, warum war das AddF so gut darin?

P.K. Ja, erstens denke ich, dass die Politik, als die Uni hier entstand, auch ein Interesse daran hatte, dass die bleibt und sich entwickelt. Und das andere war, dass Sabine, Gilla und Conny usw., die hatten ja hier studiert und das gab dann von Anfang an Vernetzungen. Und dann hast Du ja auch Namen und dann hat das gut geklappt. Das war ja auch die Zeit, als die Frauenbeauftragten etabliert und wichtig wurden und dann konnte man da anknüpfen. Also es war ja auch eine Zeit, in der sich in dieser Richtung viel bewegt hat.

* Wie hast Du denn die Zusammenarbeit der Frauen und die inneren Strukturen nach dem Motto – „alle machen alles" – im AddF empfunden?

P.K. Nein, das ist ja auch so eine Phantasie, die man gerne hat, und man war ja auch bestrebt, diese Gleichberechtigung hinzukriegen, aber wer Gruppendynamik kennt – eine Stärke ist ja auch, dass man schaute, wie und welche von uns konnte was. (...) Gilla z.B. hatte es schon immer mit Zahlen und dann waren alle froh, dass sie das gemacht hat. (...) Das hat sich dann schon sortiert in Bereiche, die vom Interesse her abgedeckt werden konnten. Denn Du musstest ja Leidenschaft haben und Interesse, sonst funktioniert es ja nicht. Und Animositäten gab es natürlich auch schon immer, aber das ist ja normal, das ist eben Gruppenprozess.

* Wie habt Ihr es denn eigentlich geschafft, mehrmals im Jahr die Zeitschrift „Ariadne" rauszubringen?

P.K. Ja, unglaublich, nicht? Das ging nur mit ganz viel Leidenschaft, Liebe und Freude an dem, was wir uns da vorgenommen hatten. Und mit viel, viel Arbeit! Ich erinnere mich bis heute, wie wir am Leuchttisch mit Fixogum gearbeitet haben und wie im Sommerweg alles voll lag mit dem Layout. Also das war so richtig Handarbeit. Ich denke, die Intention war, Dinge greifbar, lesbar und verfügbar zu machen für Menschen, Frauen, Männer, wie auch immer, die das interessiert.

* Wie siehst Du die Entwicklung des AddF in den 40 Jahren seines Bestehens?

P.K. Die schätze ich positiv ein, weil ja über die Jahre deutlich wurde, dass, wenn Du Dich nicht institutionalisierst, das Weiterbestehen nicht gesichert ist. Und das war ja das Allerwichtigste: Nicht auf Grund von was auch immer wieder in der Versenkung zu verschwinden. Insofern denke ich, ist das gut gelaufen.

AUTONOM UND ANGEBUNDEN AN DIE NEUE FRAUENBEWEGUNG

↓

✱ Von wann bis wann hast Du im Archiv gearbeitet?

PROF. DR.IN GUDRUN MAIERHOF Ich kam 1986 zum ersten Mal ins Archiv als Studentin. Ich hatte ein Seminar besucht bei Hildegard Feidel-Mertz, einer Professorin an der GHK damals noch, und von Heide Andres-Müller. Das Seminar hieß „Geschichte von unten". Ich hab dann überlegt, ich möchte eine Hausarbeit schreiben zu feministischer Geschichtsschreibung. Und da haben die beiden gesagt, dafür müsste ich unbedingt ins Archiv der deutschen Frauenbewegung im Philippinenhöfer Weg. Da solle ich forschen, denn die machen genau das, was für mich wichtig sei. Und dann bin ich dahin als Studentin, ich war damals im sechsten Semester und musste noch zwei Praxissemester machen.

Ich kam in dieses wunderbare Haus und war von vornherein begeistert. Ich habe gedacht: Wow, was ein toller Ort. Viele Bücher, tolle Frauen und tolles Thema. Und dann hab ich mich dahin gesetzt und wurde da wirklich auch sehr gut beraten. (...) Und ich hab mich gleich wohl gefühlt. Das muss im Frühjahr 1986 gewesen sein, weil ich dann beschlossen habe, meine berufspraktischen Studien, mein Praktikum im Archiv zu machen. (...) Und dann hab ich 1986 dort für ein halbes Jahr als unbezahlte Praktikantin angefangen. Das war eine tolle Zeit. Ich hab damals wirklich einen Eindruck bekommen von dieser wissenschaftlichen Welt. Für mich war das wie so eine Entdeckungsreise in etwas, was ich immer schon mal wollte. Ich war völlig begeistert.

Bis zu meinem Diplom 1988 habe ich dann auf Honorarbasis im Archiv weiter gearbeitet. (...) Ich hab die Buchaufnahme gemacht. Und dann habe ich 1989 dort die erste Stelle im Forschungsbereich bekommen. (...) Ich war eine der wenigen, die eine Stelle hatte, das weiß ich noch ganz genau, weil wir da ganz lange drüber diskutiert haben. (...) Ich hatte das Glück, dass ich es irgendwie immer geschafft habe, dass das nahtlos in das nächste Projekt überging bis ich das Archiv auf eigenen Wunsch verlassen habe und nach Frankfurt gegangen bin.

✱ Hattest Du vorher schon Kontakt zur Frauenbewegung oder hast Dich der Frauenbewegung zugehörig gefühlt? War die Arbeit im AddF ein feministischer Akt für Dich?

G.M. Also, zur Frauenbewegung bin ich gekommen über Christa Wolfs „Kassandra", 1983 ist das erschienen. Das war der Durchbruch. Ich hab' das Buch 1984 gelesen und hab' gedacht, ja, genau, wir müssen was tun; wir leben in einer patriarchalen Gesellschaft. (...) Und im Studium habe ich dann auch die Frauenseminare besucht. (...) Das Archiv war für mich dann, ja, Feminismus, sozusagen ein Raum für Frauen. Das hat mich sehr fasziniert, also der Frauenkontext, und auch die damaligen Diskussionen über feministische Geschichtsschreibung und wie wichtig es ist, dass wir Frauen uns die Geschichte zurück erobern und auch auf diese Weise erzählen, wie sie für uns stattgefunden hat, und nicht die Männerperspektive einnehmen. Also, das waren für mich wahnsinnig wichtige

Themen. (...) Und das war die Geburt meiner wissenschaftlichen Karriere, die habe ich dem Archiv der deutschen Frauenbewegung zu verdanken. (...) Und dann kam ich ja auch dort über die Ausstellung „Frauenalltag in Kassel 1933 bis 1945" zu meinem Lebensthema, nämlich zu den jüdischen Frauen. (...) Diese Ausstellung im Kulturbahnhof war unglaublich toll. Wir haben da sogar einen Bombenkeller originalgetreu nachgebaut.

* Die Historikerinnen-Treffen, die es damals regelmäßig gab, haben die Frauengeschichte weiterentwickelt, Fragen aufgeworfen, was bei den Vorgängerinnen passiert ist. Hast Du an diesen Treffen teilgenommen oder wie schätzt Du deren Rolle ein?

G.M. Ja, die waren total wichtig. Ich weiß noch, wir waren in Wien. (...) Aber was auch total wichtig war, war der ganze Diskurs, der von Amerika rüber schwappte. Also wirklich Feminism and History, und wie können wir die Geschichte anders erzählen? Und wir haben uns ja auch dezidiert immer mit den alternativen Bewegungen oder den sozialen Bewegungen verbunden und auch Netzwerke geschaffen. (...) Also, ich will damit sagen, dass wir ganz, ganz stark einerseits auf Amerika geschaut haben und auf den Diskurs dort und andererseits gefragt haben, wie wir dies hier in Deutschland umsetzen können? Zudem waren die sozialen Bewegungen und die Frauenbewegung in Kassel sehr wichtig. Und natürlich auch die Historikerinnen-Treffen.

„Für mich war das wie so eine Entdeckungsreise in etwas, was ich immer schon mal wollte. Ich war völlig begeistert."

* Warum war es Euch damals wichtig, das AddF als autonomes Projekt zu organisieren, statt es an der Hochschule anzusiedeln?

G.M. Wir wollten eben überhaupt nicht angebunden sein an eine Institution, die uns möglicherweise Steine in den Weg legt und uns vorschreibt, wie wir zu arbeiten und zu forschen haben. Und wie wir vielleicht auch die Männerforschung mit einbeziehen müssten. Das war überhaupt nicht die Diskussion. Wir wollten einen Ort von und für Frauen schaffen. Einen Frauenort, weil wir davon ausgingen, die Männer haben ihre Netzwerke, wir Frauen, wir müssen diese erst noch schaffen. Und wir müssen die Geschichte, wie Gerda Lerner das damals gesagt hat, ganz anders erzählen. Nämlich vom Alltag aus und aus der Perspektive der Frauen. (...). Und ganz wichtig, es sollte autonom, aber an die Frauenbewegung angebunden sein.

* Wie konnten all die verschiedenen Aufgaben im AddF arbeitstechnisch gestemmt werden? Also: „Ariadne", Forschung, Schriftenreihe, Bibliothek, Nutzerinnen usw. usf.?

G.M. Ja, es war sehr viel! Ich muss schon sagen, in der Anfangszeit habe ich unglaublich viel gearbeitet. Wir haben alle unfassbar viel gearbeitet, natürlich weit über diese zwanzig Stunden hinaus. Und wir haben uns wirklich wahnsinnig engagiert und sehr, sehr viel gemacht dort. (...) Ganz wichtig zu dieser Anfangszeit, da kann ich mich dran erinnern, waren die Montagsplena, weil es über diese Plena ganz viel Austausch gab, es wurde viel diskutiert: Wie wollen wir uns aufstellen, wie wollen wir weitermachen? Die Plena gingen manchmal Stunden um Stunden, und wir sind förmlich verhungert – wirklich. Aber ich glaube, das war schon wichtig, um sich gemeinsam informiert zu halten und darüber zu diskutieren, wie es weitergeht, was schwierig ist usw.. Und das war immer ganz klar mit Open End, sehr lange und sehr ausführlich. Das war wichtig, obwohl wir uns auch gestritten haben. Dann haben wir am Anfang auch wirklich noch inhaltliche Anfragen von Frauen, die über ein bestimmtes Thema forschen wollten, ins Plenum getragen, wenn die eine oder andere von uns damit überfordert war. Wir haben gemeinsam diskutiert und überlegt, was wir denen empfehlen können. (...) Tja, und die „Ariadne" und die Schriftenreihe waren wichtig, damit wir einem breiten Publikum unsere Forschungen vorstellen konnten. Ich glaube schon, dass es wichtig war, auch wirklich zu publizieren. Wir wollten ja nicht still in unserem Kämmerlein forschen, sondern unsere Ergebnisse präsentieren.

* Haben denn eigentlich alle immer annähernd gleich viel gearbeitet?

G.M. Ja, eigentlich schon in der Anfangszeit. Also später war das dann nicht mehr so. Ich würde sagen, da gab es Frauen, die sich sehr gut abgrenzen konnten – und andere halt weniger. Also ich konnte mich nicht gut abgrenzen. (...) Forschung war mein Schwerpunkt im Archiv, was ich unglaublich gerne gemacht habe. Aber es war wirklich sehr, sehr viel Arbeit. Zwischendurch haben wir Antiquariatskataloge gewälzt, Bücher eingekauft und aufgenommen; wir haben Ordner angelegt für einzelne Frauen und Themenordner, alles was wir finden konnten. Wir haben recherchiert, wir haben unendlich kopiert. Wir haben Vorträge gehalten, die „Ariadne" gemacht. (...) Die Arbeit war zwar viel, aber auch sehr lustvoll. Weil, es war irgendwie klar, alle haben so viel gearbeitet, und ich hatte nicht den Eindruck, dass sich jemand rausgezogen hat. (...) Also das war schon auch wirklich toll, da zu arbeiten. Das muss ich schon sagen. (...) Auch dieser Enthusiasmus, diese Begeisterung für dieses Thema, und das war genau das, was ich wollte.

„Wir haben uns wahnsinnig engagiert und unfassbar viel gearbeitet. Die Arbeit war zwar viel, aber auch sehr lustvoll."

* Du hast eben das Stichwort Finanzierung erwähnt. Es gab ja damals, in den 1970er und 1980er Jahren, in der autonomen Frauenbewegung eine große Diskussion darüber, ob wir sog. ‚Staatsknete' annehmen wollen oder nicht. Wie habt Ihr das diskutiert?

G.M.: Das haben wir diskutiert, aber wir haben dann über diese

Arbeitsbeschaffungsmaßnahmen des Arbeitsamtes, über die wir uns anfangs hauptsächlich finanziert haben, gesagt: Okay, wir müssen uns bezahlen, denn wir mussten ja von irgendwas leben, und wir wurden auch für alles immer gleich bezahlt. Anfangs haben wir wirklich mit diesem alternierenden Modell gearbeitet: ein Jahr ABM, ein Jahr arbeitslos, ein Jahr ABM, dann wieder ein Jahr arbeitslos usw. (...) Aber es wurde erst mal ganz kritisch diskutiert, ob wir uns das leisten können und leisten wollen, denn es war eben patriarchales Geld. Aber es gab ja keine Alternative. (...) Und ich meine, für die Arbeit war das wenig bezahlt, denn es war ja immer so, dass wir eine Stelle hatten, die wir uns dann geteilt haben. Weißt Du, das war eine halbe Stelle, aber wir haben eine volle Stelle gearbeitet. Also ich hab nie nur eine halbe Stelle gearbeitet. Nie. Nie.

* Und wenn Du jetzt noch mal so zurückblickst auf Deine Zeit im AddF: Was würdest Du sagen, inwieweit sind Deine ursprünglichen Erwartungen an die Arbeit dort erfüllt oder enttäuscht worden?

G.M. Also da wurde für mich letztlich nichts enttäuscht. Es war für mich, das muss ich auch wirklich in aller Euphorie sagen, das war für mich eine absolut tolle Zeit, dort zu arbeiten. Eingebunden in die Frauenbewegung, in einen feministischen Diskurs. (...) Und für mich war das die Verbindung zwischen dem wissenschaftlichen Tempel, sag ich jetzt mal, und Büchern und Feminismus und meiner politischen Überzeugung und meiner politischen Haltung (...). Das war für mich wahnsinnig toll. Und ich konnte dort unglaublich frei forschen. Im Nachhinein muss ich sagen, das war eine wahnsinnig wichtige Sozialisation in die Wissenschaft hinein, das war mein Eintritt in die wissenschaftliche Welt. Aber es war viel Arbeit, ganz klar, das ist ein entgrenzter Bereich. Das hat eine Grenzenlosigkeit, die auch wirklich nicht ungefährlich ist, insofern, als wir wirklich überarbeitet und auch bisweilen ausgebrannt waren. Das ist die Gefahr. (...) Wir waren hochidentifiziert, das Archiv war mein Leben. Und ich habe auch nicht so viel Anderes gemacht. Natürlich hatte ich einen Freundinnenkreis und so was, aber wir haben alle unglaublich gerödelt. Heute finde ich es schade, dass diese Projektidee sich nicht mehr so erhält wie damals in dieser Pionier- oder Aufbruchs-Situation. Die heutige Generation ist nicht mehr bereit dazu, sich so vollends in eine Projektidee hineinzudenken.

* Wie hat sich für Dich die weitere Entwicklung des AddF bis heute dargestellt?

G.M. Ich finde die Professionalisierung toll. Zum Beispiel bei der letzten „Ariadne", da hab ich gedacht: Wow, es ist unfassbar, wie gut und toll die jetzt ist. Und wie professionell das Archiv arbeitet. Und ich erzähle meinen Studierenden davon, die ja von Frauenbewegung überhaupt keine Ahnung haben, die wissen ja noch nicht mal, was das ist.

12

1

14

15

16

17

18

19

20

21

22

DER REIZ, ETWAS ZU KREIEREN, WAS NOCH NICHT DA GEWESEN IST

↓

✱ Was waren denn die inhaltlichen, die bewegungspolitischen Vorstellungen für das Projekt? Und wie kam der Name „Archiv der deutschen Frauenbewegung" zustande? Es gab in den Anfangsjahren ja keinen Archivbestand.

DR.IN MARIANNE SCHMIDBAUR Für mich war sozusagen Archiv das zentrale Projekt, nämlich im Sinne von Arbeiten, Zeugnisse, Schriften zur Ersten, zur historischen Frauenbewegung zu bewahren und zur weiteren Verfügung zugänglich zu machen. Das war für mich Archiv. Und an sich hatte das viel mit Emanzipation zu tun, weil klar war, wir wussten noch ganz wenig zur historischen Frauenbewegung und die Erwartung, dass das besser wird, ohne dass man was dazu macht, war relativ gering. Das war eigentlich eher so das Gefühl, wenn wir jetzt nichts machen und nicht anfangen, das zu sammeln, aufzubewahren und zur Verfügung zu stellen, dann ist vielleicht in hundert Jahren nichts mehr da. Also deswegen Archiv, auch wenn das am Anfang weit entfernt davon war, ein wirkliches Archiv zu sein.

✱ Es war ja anfangs eher eine Bibliothek – auch das, was Du beschreibst ist ja vor allem Bibliothek.

M.SCH. Ja genau! Aber das war die Grundlage. Ich denke: Mit einem Archiv zuerst anzufangen, wäre gar nicht gegangen, denn wir hatten weder die Zugänge noch das Wissen. Wir waren ja alle mehr oder weniger Seiteneinsteigerinnen, bis vielleicht auf Sabine, und kamen aus anderen Sparten, aus ganz unterschiedlichen Feldern. Die Gilla kam vom Lehramt, Conny aus der Sozialpädagogik, ich war aus der Soziologie – es war keine Geschichtswissenschaftlerin dabei (lacht). Also wir kamen alle, im Grunde, von woanders her und was uns zusammen gebracht hat war dieses feministische Engagement und dass wir fanden, diese Geschichte muss erzählt werden und dafür brauchen wir eben auch Grundlagen, auf denen das aufbauen kann.

✱ Das Interesse, die Frauengeschichte zu bewahren oder wiederzuentdecken war in den späten 1970er und den 1980er Jahren bei vielen entstanden, sowohl an den Hochschulen als auch außeruniversitär. Warum hat sich das Archiv dann für die autonome außeruniversitäre Vorgehensweise entschieden, anstatt das AddF an der Gesamthochschule Kassel (GHK) zu etablieren?

M.SCH. An der GHK oder an einer Hochschule so etwas zu etablieren, hängt ja dann auch immer von Hochschullehrer*innen ab. Und da gab es an der GHK Heide Wunder, die die Professur für Frühe Neuzeit inne hatte und zum Mittelalter geforscht hat. Und die auch Sozialgeschichte gemacht und zu Hexen geforscht hat. Aber, das war nicht unser Sammelschwerpunkt. Wir haben ja vor allem 19. und 20. Jahrhundert, allenfalls noch ein bisschen was vom 18. Jahrhundert, gemacht. Und da gab es keine Person in der GHK, die dafür ansprechbar war. Das zum einen, zum anderen: Es hätte auch insofern nicht gepasst, als dieses feministische Engagement auch der GHK nicht genügt hätte. Da spielen einfach andere Maßstäbe für Qualität und für Zusammenarbeit eine Rolle als in einem autonomen Projekt. Und das autonome Projekt war einfach die Wahl, weil wir dann zusammen arbeiten konnten, selbst bestimmen konnten: Was sind die Schwerpunkte, was sind unsere Ziele, wie wollen wir zusammenarbeiten? Das war sehr stark aus einer Bewegungsperspektive heraus ein Projekt. Also auch, dass wir viele Entscheidungen im Plenum getroffen haben und so lange diskutiert haben, das war einfach die Zeit der Frauenprojekte. So haben wir feministisch gearbeitet und das war eben eine Verbindung von Inhalten und davon, wie wir zusammenarbeiten. Eine Hochschule oder eine Uni hat ein anderes Konzept von Arbeiten.

„Am Anfang stand für mich das Interesse, Dokumente zur historischen Frauenbewegung zu sammeln, (...) um diese Bewegung in Erinnerung zu behalten, in Erinnerung zu rufen!"

∗ Wie funktionierte die Zusammenarbeit im AddF? Wie waren die internen Strukturen?

M.SCH. Ja, also wie gesagt, es gab diese Plena. Und da wurde zum Beispiel diskutiert: Was gibt es an Anfragen, wo gibt es Interesse? Und natürlich, je bekannter das Archiv geworden ist, desto mehr Bitten gab es, einen Vortrag hierzu, dazu und hierzu zu halten. Und dann wurde geguckt, hat jemand Interesse und wer kümmert sich dann drum? Themen im Plenum waren auch solche Fragen: Investitionen, Computer, Mobiliar, ja alles Mögliche. Und also als ich da noch sehr aktiv war, da ging das ja noch. Aber die Plena wurden zum Teil auch sehr lang und man merkte eben immer mehr, dass an bestimmten Themen und Detailthemen nicht mehr alle das gleiche Interesse hatten. Was sich eben relativ früh als Arbeitsteilung institutionalisiert hat, war halt, dass Gilla die Finanzen gemacht hat und andere sich mehr um Öffentlichkeitsarbeit, die Presse und um solche Auftritte oder um wirklich praktische Fragen gekümmert haben und so. Und mit der Zeit hat sich das dann einfach noch weiter ausdifferenziert und es wurde auch wirklich sehr klar, dass man nicht jedes Detail im Plenum besprechen kann. (...) Bestimmte Personen haben dann mehr Verantwortung getragen als andere und in ihrem Bereich teilautonom entschieden.

∗ Wie war denn das eigentlich mit den Arbeitszeiten? Haben da alle ungefähr gleich viel Arbeit reingesteckt oder gab es da auch große Unterschiede?

M.SCH. Es gab wirklich große Unterschiede. Also meine ehrenamtliche Arbeit war bestimmt viel weniger als die

Arbeit von denjenigen, die ABM-Stellen hatten. Und es hing auch mit der Verantwortung zusammen: Also wenn jemand für Finanzen zuständig war oder dafür, dass die Ariadne produziert werden musste, da ist einfach zuverlässig mehr Arbeitszeit reingeflossen als bei jemand, die eher am Rand mitgewirkt hat. (...) Es gab einen relativ stabilen inneren Kreis an Mitarbeiterinnen, aber außen rum hat sich immer mal wieder was geändert.

* Was waren die Gründe dafür, bereits kurz nach der Gründung des AddF die Arbeit in die drei Arbeitsbereiche Bibliothek, Forschung, Bildung aufzuteilen?

M.SCH. Ich kann nur Vermutungen dazu äußern, dass es einfach Arbeitsbereiche mit jeweils einem großen Umfang waren. In der Organisation der Bibliothek war ein sehr umfassendes und sehr schwieriges Thema, mit dem ich auch lange befasst war, die Frage: Wie verschlagworten wir diese Bibliothek? (...) Also da haben wir auch Kontakt aufgenommen zu anderen Archiven und Bibliotheken und geguckt, wie die ihre Bibliothek verschlagwortet haben. Aber solange ich da war, hat das nicht zu einer endgültigen Lösung geführt. Es ist sehr deutlich gewesen, mit welchen Schwierigkeiten man dabei zu kämpfen hat, wenn man eine Bibliothek verschlagwortet! Also das ist ein riesiger Arbeitsbereich und dazu kommen eben auch Sicherungskonzepte für die Bibliothek vor Wasserschaden oder Feuer, Fragen der Aufsicht, Fragen der Nutzung usw. (...)

Bildung ist genauso ein riesiges Arbeitsfeld, alleine in der Zeit, in der ich da war, kamen wirklich wöchentlich etliche Anfragen für Vorträge und auch die Frage, eine Stadtrundfahrt aus frauenhistorischer Perspektive für Kassel zu entwickeln oder einen Beitrag für Symposien oder Workshops zu leisten oder eben auch das Archiv selbst vorzustellen als Projekt, um gegebenenfalls auch nochmal weitere Unterstützung zu finden. Also das ist einfach vom Arbeitsumfang sehr weitreichend und nochmal anders, als sich um die Bibliothek im engeren Sinn zu kümmern.

„Das autonome Projekt war einfach die Wahl, weil wir dann (...) selbst bestimmen konnten: Was sind die Schwerpunkte, was sind unsere Ziele, wie wollen wir zusammenarbeiten?"

Und Forschung, da kann ich mir vorstellen, dass das zunehmend eine Rolle gespielt hat und auch in Bezug auf Fragen der Finanzierung. Es war ja dann irgendwann klar mit dem Hessischen Forschungstopf für Frauen- und

Geschlechterforschung im Hessischen Ministerium für Wissenschaft und Kunst, dass das Archiv sich darauf bewerben kann, dass dann auch Anträge geschrieben und diese eingeworbenen Mittel dann auch umgesetzt und verausgabt werden müssen. Also es ist sozusagen Teil der Existenzweise des Archivs geworden, dass Forschung eine große Rolle spielt. Also es kann nicht jede alles machen, das ist einfach zu umfangreich.

✱ Was glaubst Du, wie konnte es gelingen, aus kleinen ehrenamtlichen Anfängen ein so professionelles und anerkanntes, großes Projekt zu schaffen?

M.SCH. Ich bin unglaublich stolz auf dieses Archiv und darauf, was da alles erreicht worden ist. Ich finde es einfach großartig und dieses Frauenprojekt ist wirklich international zu einem Begriff geworden. (...) Vor allem diejenigen, die da viel Arbeit reingesteckt haben, das sind einfach fantastisch, großartige Menschen, die das absolut hingebungsvoll, mit einem wahnsinnigen Engagement auf die Beine gestellt und auch immer weiterentwickelt haben. (...) Und ja, es gab ja auch Rückschläge, die sie aber fantastisch weggesteckt haben und sich davon nicht entmutigen ließen.

✱ Wenn Du jetzt im Rückblick nochmal an Deine ursprünglichen Erwartungen an das AddF denkst, haben sie sich erfüllt?

M.SCH. Also meine Erwartungen wurden voll erfüllt. Natürlich habe ich noch viele Wünsche (...) an die Finanzierung und an das Zurückbinden an die Ursprungsidee, nämlich ein Archiv aufzubauen, das diese Geschichte der Historischen Frauenbewegung bewahrt. Und das hängt nun mal sehr stark mit finanziellen Möglichkeiten und Mitteln zusammen. Da würde ich mir wünschen, dass die Räume und die finanzielle Ausstattung so sind, dass es möglich ist, große Archivbestände dort wirklich zu beherbergen und zu erschließen. Und zwar so, dass damit auch gearbeitet werden kann und dass sie zugänglich sind.

✱ Wie siehst Du die Zukunft des AddF und würdest Du ihm noch gerne mit was auf den Weg geben?

M.SCH. Ja, farewell, mache es gut. (...) Diese Verbundenheit und auch Flexibilität und Kreativität, das finde ich einfach großartig an den Menschen, die dieses Archiv tragen und unterstützen: So soll die Arbeit weitergehen. (...) Und ich kann ihnen nur wünschen, dass sie nochmal eine Verstärkung bekommen im digitalen Bereich. Also ich finde, Digitalisierung von Archivmaterialien als Nutzerin und als Person, die damit arbeitet, eine ganz großartige Sache. Das ist so unterstützenswert! Dann im internationalen Bereich, wünsche ich, dass die Netzwerke des AddF sich nochmal über den deutschsprachigen Raum und seine Grenzen hinaus ausdehnen. Es gibt ja einige, auch internationale Wissenschaftler*innen, die dem Archiv sehr verbunden sind, die irgendwo deutsche Geschichte unterrichten und auch immer wieder nach Kassel kommen. Und so würde ich mir auch umgekehrt wünschen, dass das AddF im Ausland noch bekannter wird.

FORSCHEN. UND DAS NICHT IM STILLEN KÄMMERLEIN

↓

⁎ Was hat Dich motiviert, im AddF mitzumachen?

MARIELUIS SCHRAGE Na ja, einmal die Freundschaft mit Hanne und auch die Frauenbewegung, weil das war für mich absolut neu. Alles was da so angeboten wurde, (...) das war etwas, was ich vorher so in dieser Art nicht erlebt hatte, was mich neugierig gemacht hat, was ich sehr genossen habe. Ich war manchmal kritisch bei den frauenbewegten Themen, aber ich habe mich dann zurückgehalten, weil ich dachte, ja, das ist eben so, wenn Du total da drin aufgehst, dann hast Du eben solche Ansichten. (...) Also ich war keine Außenstehende, aber ich war auch nicht so innerer Kreis.

⁎ Was waren Deine Aufgaben dort?

M.SCH. Elke Spitzer und ich waren das ‚Donnerstagsteam'. Wir haben uns immer donnerstags getroffen und haben z.B. Bücher katalogisiert und einsortiert und einmal im Jahr, wenn die neuen Fachzeitschriften rauskamen, sind wir in die Unibibliothek gegangen und haben dann in den Zeitschriften frauenrelevante Artikel mit neuen Forschungsergebnissen herausgesucht, kopiert und im Lesesaal dann unter bestimmten Stichworten in die Ordner einsortiert. (...) Und das waren immer schöne Sachen, wenn wir dann so einen Vormittag oder einen ganzen Tag da in der Unibibliothek zubringen konnten. Wir konnten uns ja die Zeit nehmen und auch mal festlesen.

⁎ Wie hast Du die Atmosphäre unter den Frauen und die Arbeitsbedingungen empfunden?

M.SCH. Also ich muss erstens sagen, ich habe nie explizit darüber nachgedacht oder mir Sorgen gemacht, dass es irgendwie nicht gut läuft. Für mich war diese Frauengruppe einfach wunderbar. Die haben wunderbar gearbeitet, sie haben sich gut vertragen, sie haben sich ausgetauscht. (...) Ich könnte mir schon vorstellen, dass es da immer sachliche Auseinandersetzungen gab, aber es gab eigentlich nie richtigen Streit, dass sich Parteien gebildet haben oder sowas.

⁎ Die Tatsache, dass einige wirklich so lange dabei waren, also fast 40 Jahre, die spricht ja auch für sich.

M.SCH. Ja, die sind ja auch klein angefangen und ich war jetzt neulich nochmal da. Da kriegte man ja kein Bein mehr auf die Erde. Die ganzen Räume sind ja besetzt, selbst das Zimmer, wo der Kopierer stand und wo der große Tisch war, sogar in dem Esszimmer saßen dann Leute und gegenüber im Haus mussten sie ja auch noch Räume mieten. Alles war richtig voll! (...)

⁎ In den Anfangsjahren war ein Hauptproblem, eine Finanzierung zu finden und die geleistete Arbeit zu bezahlen. Du warst wie Elke bereits im Lehrerinnenberuf, ihr hattet Euer Gehalt, die anderen nicht. Hast Du mitbekommen, wie sich das darstellte?

M.SCH. Das war eine Zeit, wo die alle keine Stelle kriegten. Die haben sich sozusagen zusammengetan und das fand ich damals wahnsinnig, dass eine immer arbeitslos war und Arbeitslosengeld bezogen hat und dann aber im Archiv gearbeitet hat und sozusagen dieses Arbeitslosengeld auch irgendwie noch aufgeteilt wurde. Und das haben sie, glaube ich, zu mehreren gemacht. Und das fand ich einfach bewundernswert.

* Hast Du eine Einschätzung, wie die Frauen es geschafft haben, dass das AddF so professionell geworden ist?

M.SCH. Da habe ich auch schon drüber nachgedacht. Ich glaube, die haben ein sehr gutes Gespür gehabt, was die Einzelnen an Begabungen haben (...) und jede durfte ihre Stärken ausleben. Dem wurde Raum gegeben (...), niemand hat irgendwie ausgebremst und die haben dann ihre Kräfte frei walten lassen können. (...) Das waren Wissenschaftlerinnen, die etwas wissenschaftlich ergründen und es weitergeben wollten. Sie haben ein interessiertes Publikum gesucht und auch gefunden, eben weil sie das so toll machten. Du gingst da immer mit Gewinn raus, Du hast immer was Neues kennengelernt.

* Wie siehst Du die Entwicklung des AddF im Laufe der 40 Jahre seines Bestehens?

M.SCH. Es ging immer aufwärts (lacht). Und zwar, in mehrerer Hinsicht: einmal mengenmäßig an Büchern und an Archivbeständen, da es bekannter geworden ist. (...) Dann personell, es sind jetzt professionelle Historikerinnen dabei, die viel forschen und das passiert ja nicht im stillen Kämmerlein, sondern das, was sie erforschen, das wird ja auch dann weitergegeben, das finde ich schon gut. (...) Also ich denke, wahrscheinlich werden die Vorwartsprünge jetzt nicht mehr so groß, aber das weiß man ja nicht. Nachlässe wird es weiter geben von interessanten Frauen, die verwaltet und archiviert werden müssen. Also das Archiv wird immer gebraucht werden und immer nötig sein. Und es hat sich auch rumgesprochen, dass eben die interessanten Frauen ihre Nachlässe da abgeben können. Und das wünsche ich dem AddF sehr, dass es zukünftig ausreichend finanziert wird, um das alles weiter zu leisten, weil das eine wichtige Aufgabe ist

„Ich bin eigentlich eher Aussenstehende, nicht Frauenrechtlerin und so weiter, aber mich hat diese Frauengruppe mit ihrer Tatkraft, ihren Ideen immer fasziniert."

DOPPELTE FUNKTION: AUF DER EINEN SEITE IM VORSTAND UND AUF DER ANDEREN SEITE HIWI

↓

✱ Ab wann hast Du im AddF, in welcher Form auch immer, mitgearbeitet oder etwas damit zu tun gehabt?

DR.IN ELKE SPITZER Als das Archiv die Bücher aus allen möglichen Dachstuben in den Philippinenhöfer Weg gebracht hat, und da in die Regale gestellt hat, da war ich dann zum ersten Mal auch aktiv dabei. (...) Ich bin über die Lesungen, die sie ja schon gemacht haben, zum Archiv gestoßen. (...) Mitgearbeitet habe ich seit der Lesung über Gertrud Bäumer. (...) Also, was für diese erste Zeit ja ganz wesentlich war, waren auch diese Erarbeitungen von historischen Frauenbildern, also von Frauen in der Geschichte, die ja verloren waren, die erst wieder entdeckt und wieder aufgearbeitet werden mussten. (...) Und da ist auch interessant, was für Frauen wir uns damals eigentlich ausgesucht haben. Natürlich fanden die Radikalen in der Frauenbewegung die meisten Sympathien. Das ist logisch, das war schon so. Besonders Hedwig Dohm als witzigste und selbständigste von den Frauen damals wurde im Archiv gehypt und gleich am Anfang als Ikone auf Allem abgedruckt. Aber sehr viel erreicht, gearbeitet und getan haben dann auch schon eher die Konservativen, die dann die Mädchenbildung und das Studium der Frauen vorangetrieben haben. (...) Die größte Lesung, die wir gemacht haben, war die zur Französischen Revolution. Das war im Grunde ein kleines Theaterstück, da haben wir die Männer der Revolution mit den Frauen, die in der Französischen Revolution aktiv waren, also Olympe de Gouges und Mary Wollstonecraft und Co., konfrontiert und diskutieren lassen. Und das haben wir dann mit verteilten Rollen immer wieder im Wechsel gelesen, dabei waren die Frauen quasi ‚anwesend', aber die Männer hatten sich vorgeblich ‚wegen dringlicher anderer Geschäfte entschuldigt', die haben wir dann über Tonband eingespielt, denn es war ja eine Frauenlesung, deshalb wollten wir keine Männer dabei haben. (...) Das war eine sehr große Arbeit, die wir da gemacht hatten, und so bin ich langsam in die Archivarbeit reingerutscht, aber immer ehrenamtlich. (...) Es gab ja regelmäßig die Plenumsveranstaltungen, da war ich dann natürlich auch. Ich war schon in die inhaltliche Arbeit involviert, aber nicht in die tagtägliche. Aber ich habe immer gewusst, was an Projekten läuft und auch, wer gerade was macht oder so. Das waren anfangs ja nicht so viele wie jetzt.

✱ Was waren denn Deine inhaltlichen, persönlichen Motive, Dich im AddF zu engagieren. Was hat Dich angetrieben, was hat Dich interessiert an diesem Projekt?

E.S. Es war die inhaltliche Arbeit, die mich sehr interessiert hat, und auch die Atmosphäre da. Also, ich habe die Frauen von Anfang an sehr bewundert und die Vehemenz geschätzt, mit der sie arbeiteten. (...) Und das Archiv war ein Verein, und als Verein brauchte es natürlich immer jemand, die nicht von dem Verein lebte. Und da war ich als Lehrerin natürlich ideal dafür, weil ich kein Geld brauchte. Deswegen bin ich dann auch gleich in den Vereinsvorstand gegangen. Und das war für mich auch eine gute Alternative, denn wenn man Lehrerin ist, braucht man irgendwas außerhalb der Schule, bei dem man auch engagiert ist und was man gerne macht. Das ist wichtig für die seelische Balance, und das war für mich dann immer das allen. (...) Die Mitarbeiterinnen haben ja dann auch Hilfe gesucht und haben sich beraten lassen, das lief eigentlich ganz gut. Die Atmosphäre, die sie hatten, die haben sie sich auch erst erarbeiten und erkämpfen müssen. (...) Der letzte Clinch, an den ich mich erinnere, war eigentlich als die Computer ins Archiv einzogen. Das war dann noch mal eine heftige

„Wir waren uns für nichts zu schade. Das ging von inhaltlicher Arbeit bis hin zu dem, was gerade anstand."

Archiv. (...) Zwar haben mich Freunde immer wieder darauf angesprochen und versucht, mir klarzumachen, dass ein Vereinsvorstand finanziell haftet, aber da habe ich gemeint: „Da kann ich gut haften, damit habe ich überhaupt keine Probleme." Die Frauen im Archiv haben das so gut gemacht, da habe ich mich nicht viel drum gekümmert.

* Wie war das Verhältnis zwischen Euch als Vereinsvorstand gegenüber den Mitarbeiterinnen, die nicht im Vorstand waren?

E.S. Das war ausgesprochen gleichberechtigt, da gab es keine Probleme. Ich bin ja auch bei den Diskussionen, die es um die Vereinsstruktur gab, dabei gewesen und als sich dann die ersten Spezialisierungen herauskristallisierten, die macht das und die macht das, da bin ich dann auch immer dabei gewesen. (...) Die Spezialisierung wurde schon auch als Bedrohung und als Hierarchisierung erlebt, weil es natürlich Sachen gab, die dann wichtig waren, oder auch Frauen, die sich sehr gut spezialisiert hatten und das dann auch am besten konnten von Diskussion. Da wurde sehr kontrovers diskutiert und es führte dann auch dazu, dass letztlich Frauen aus dem Archiv auch ausgetreten sind.

* Eine andere langjährige Diskussion drehte sich ja um die sog. Männerfrage. Kannst Du dazu etwas sagen?

E.S. Bei der Männerfrage war eigentlich lange die Position, dass keine Männer im Archiv forschen sollen, weil die ja den ganzen Background ihrer Hochschulen haben und da durchaus genug forschen könnten und was die Archivfrauen in ihrer sehr schwierigen Arbeit zusammengetragen haben, nicht so leicht einfach präsentiert bekommen sollten. Das war eigentlich eine Position, die damals auch Konsens war.

* Der Verein hat bis zur Stiftungsgründung 2003 bestanden?

E.S. Ja, dann wurde er aufgelöst. Die Stiftungsgründung war eine Folge davon, dass ein Verein nur situativ arbeiten und z. B. keine Mittel weiter transferieren kann und das ist so bestimmten

Einschränkungen unterworfen. Es ging auch darum, die Finanzierungsmöglichkeiten zu erweitern, und das andere war,

„Die Konfrontation mit der Frauenthematik auf diesen vielen verschiedenen Ebenen war schon wichtig."

dass das Archiv ja auch eine Sache von Dauer sein soll, denn es ist ja nicht auf ex und hopp angelegt, sondern soll ja dauerhaft weiter bestehen. Und dafür bietet die Stiftung ja Möglichkeiten, die der Verein nicht hatte, denn dieses „sich von Jahr zu Jahr Durchhangeln", was für Vereine eigentlich typisch ist, ist natürlich nicht das wirklich Richtige im Sinne von Kontinuität. Insofern machte das Sinn. (...) Weil ich im Vorstand vom Verein war, bin ich dann aus Kontinuität und weil ich hier ja die Aufgaben vor Ort kannte, auch in den Vorstand der Stiftung eingetreten. Und von daher war ich auch immer die, die alles unterschrieben hat. (...) Also, die Funktion des Vorstandes war schon auch die Auseinandersetzung mit der Arbeit des Archivs, und regelmäßig wurde der Stand im Archiv diskutiert. Was wurde gemacht, wo liegen Probleme? Welche Lösungsmöglichkeiten gibt es? (...) Das lief schon glatt, auch weil der Vorstand sich nicht wirklich in einer Chefposition sah, sondern als Kooperationspartner. In den Vorstandssitzungen sind die geschäftsführenden Frauen vom Archiv immer gleichberechtigt dabei gewesen. Da gab es keine Hierarchien, weil die hatten das Wissen, die hatten die Kompetenz, und das waren Anregungen von außen dann, von der anderen Seite. (...) Aber ich hatte immer diese doppelte Funktion im Archiv: Ich war auf der einen Seite im Vorstand, auf der anderen Seite war ich Hiwi. Ich habe dann da so notwendige, wirklich auch zeitraubende Routinearbeit übernommen. Z.B. nachdem der gesamte, riesige Archivbestand des Deutschen Evangelischen Frauenbundes ans AddF übergeben worden war, habe ich mit Marieluis Schrage zwei Jahre lang jede Woche einen halben Tag dran gesessen, diese ganzen Reihen dünner Heftchen zu allen möglichen Themen und Fragen, die es in den Fünfziger, Sechziger, Siebziger Jahren gab und die vom DEF gesammelt worden waren, in Mappen zu packen.

⁎ Seit 2005 wird das AddF im Wechsel intern und extern evaluiert. Inwiefern hat dies Auswirkungen auf die Arbeit?

E.S. Die Evaluationen wurden besprochen, aber das hatte keine Auswirkungen, weil die waren aufgrund der guten Arbeit im Archiv und aufgrund der Erfolge, auch der finanziellen Erfolge – wir haben ja unheimlich viel Geld eingeworben über die Projekte – natürlich eine positive Bestätigung für die Arbeit im Archiv.

⁎ Und was ich auch bemerkenswert finde, dass das AddF von vornherein diese Lobbyarbeit bei Politikerinnen gemacht hat, also das ‚Klinkenputzen'. Wie kam denn das zustande?

E.S. Wenn wir vom Land und von der Stadt Mittel haben wollen, muss man da auch Kontakte pflegen und hegen. (...) Bevor es ab 1992 die institutionelle Förderung durch das HMWK gab, wurden die ABM-Stellen ja zusammengestrichen, bzw. fielen ganz weg. Ich weiß nur, dass dann eine ganz depressive Situation im Archiv war und es wirklich darum ging, wer macht das Licht aus. So war die Stimmung damals – sehr schwarz. Das war schon heftig und die institutionelle Förderung brachte dann den Schub, der das Archiv auch endlich wieder weiterbrachte. (...) 2004 gab es dann jedoch diese „Operation sichere Zukunft" von Ministerpräsident Roland Koch, die dem AddF eine Kürzung seiner Mittel von 20 % brachte, das war ein ziemlicher Schock, denn die Mittel fehlten natürlich hinten und vorne. Die Arbeitszeit wurde reduziert und damit auch die Gehälter von den Frauen, die vom Archiv lebten. Das war schon eine schwierige Situation. (...) Aber es hing nicht von der Farbe der Regierungen ab, wie gut die Zusammenarbeit und die Förderung vom Archiv waren. Das muss man auch sagen. Wir haben ja lange CDU-Regierungen in der Stadt und im Land gehabt, das ging – war kein Problem. Also, ganz im Gegenteil. Oft ist es so, dass die Notwendigkeit von so einem Archiv und so einer Bibliothek in den konservativen Parteien auch durchaus gut aufgehoben ist.

∗ Das AddF hat sich im Laufe der Zeit immer weiter professionalisiert. Was hast Du für eine Idee, wie die Mitarbeiterinnen das geschafft haben?

E.S. Indem sie selber sehr hohe Ansprüche an ihre Arbeit haben und sich wirklich selber auch von der mühsamen Einarbeitung am Anfang hin zu diesem professionellen Stand entwickelt haben. Und das ist schon eine Leistung, die ist schon gut. Also, nicht mit dem zufrieden zu sein, was man kann und was man hat, sondern immer besser werden zu wollen. (...) Die haben von Anfang an wirklich geguckt, dass die Bereiche ordentlich geführt werden, dass das gemacht wird, was sein muss. Also, von Anfang an waren die Ansprüche entsprechend hoch und sind im Laufe der Jahre mit dem Wissen und mit dem Können sogar noch gestiegen.

∗ Das AddF erfordert weiterhin ein gewisses Maß an Engagement, nach wie vor ist es kein nine-to-five-Job.

E.S. Nach wie vor, ja. Und das ist uns auch sehr bewusst gewesen, dass, wenn die Frauengeneration, die das erste Leitungsteam bildete, also die das gegründet hat und die engagiert war und die das durchgestanden hat, die dann so viel ehrenamtlich auch noch reingesteckt hat, die haben ja alle mal Geld verdient und mal nicht und haben immer da gearbeitet. Wenn diese Generation geht, ist es schwierig, jemanden zu finden, der genau dazu auch wieder bereit ist. (...) Und das Schöne ist am Archiv, dass die ja auch nach wie vor noch diese egalitäre Struktur haben.

∗ Wenn wir jetzt im Rückblick auf Deine ursprünglichen Erwartungen, Ideen, Wünsche an das AddF schauen: Inwieweit haben die sich erfüllt oder sind enttäuscht worden?

E.S. Also, die sind eigentlich alle erfüllt worden, weil ich habe immer die Frauen bewundert, die das Archiv genauso vorangebracht haben, wie wir das am Anfang hatten, weil mir diese besondere Leistungen, die die Frauen da brachten imponiert haben, das war sehbar, das war spürbar.

23

24

25

26

27

28

29

30

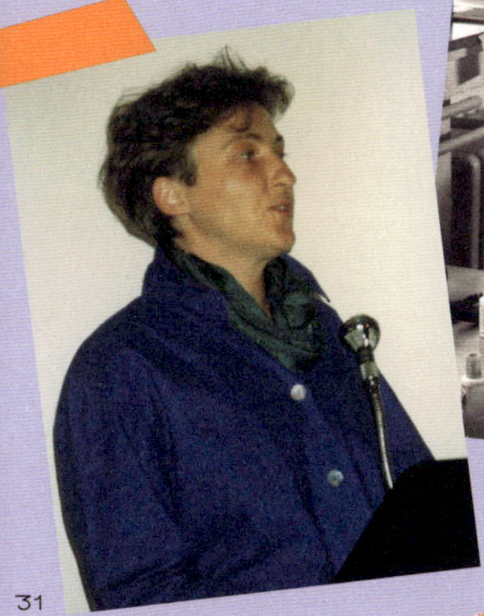

31

32

33

KOLLEKTIVES ARBEITEN ALS POSITIVE NEUE ERFAHRUNG

↓

* Wie kam es zu Deiner Arbeit im AddF?

NANDI VERGARA-GOMEZ Nach meiner Ausbildung als Justizangestellte am Amtsgericht Kassel hat mir das Arbeitsamt eine Arbeitsbeschaffungsmaßnahme im AddF angeboten. Ich kannte das Archiv zwar vorher nicht und war auch nicht frauenbewegt, habe das Angebot aber gerne angenommen, da ich Bücher mag.

* Wie hast Du denn die Zusammenarbeit im AddF empfunden?

N.V.-G. Also wir haben montags Plenum gehabt, da sind wir immer ins „Podium" und da wurde noch mal so eine Art, ich sag jetzt mal, Supervision, weil mir kein anderes Wort einfällt, gemacht. Da haben wir alle zusammen gesessen und dann vielleicht noch mal über bestimmte Dinge gesprochen. Oder wir hatten auch so Meetings und uns ausgetauscht. Also es gab keine Chefin in dem Sinne, sondern wir waren alle gleichwertig. (...) Dass wir ein Kollektiv sind und alle gleichberechtigt sind, das hat eigentlich ganz gut geklappt.

* Schon ein Jahr nach seiner Eröffnung hat das AddF die Zeitschrift „Ariadne" ins Leben gerufen. Hattest Du damit auch zu tun?

N.V.-G. Ja, Wahnsinn, oder? Das Layout, das war ja mehr so Kartoffeldruck damals, also nicht so wie heute am Computer gestaltet. Das musste alles auf der Schreibmaschine geschrieben werden. Es hat einfach Spaß gemacht, die herzustellen, es war aber natürlich auch stressig.

* Du hast erwähnt, dass Du bei einer der Lesungen mitgemacht hast, die das AddF veranstaltete. Welche war das?

N.V.-G. Also das Thema war „Halten Sie die Luft an, Madam". Da ging es um das Korsett. Und meine damalige Mitbewohnerin, die ist von Beruf Bandagistin gewesen (...). Und die hat ein Korsett genäht. Das haben wir dann so geschnürt, dass Du eine 45er-Taille hast wie die Sissi. Wir haben dann aus der „Ariadne" zum Thema „Körper" gelesen, in der auch über Korsetts geschrieben worden war und haben die Frauen animiert, sich freiwillig einschnüren zu lassen. Das war sehr lustig. Diese Lesung ist sehr, sehr gut angekommen, es war tierisch voll.

* Wie schätzt Du im Rückblick Deine Zeit im AddF ein?

N.V.-G. Ich habe durch dieses kollektive und hierarchiefreie Arbeiten viel gelernt für mich in der Zeit, auch über mich selbst und was ich mir nicht mehr gefallen lassen möchte. (...) Dinge zu besprechen, das war für mich Neuland. Also, das hat mich in meiner Person zur damaligen Zeit auch ein bisschen weitergebracht.

„Also, ich kannte das nicht, keine Hierarchien zu haben."

AUFBRUCHSSTIMMUNG OHNE KARRIEREGEDANKEN

↓

* Wann und wie hast Du vom AddF beziehungsweise den Plänen zu seiner Gründung erfahren?

CORNELIA WENZEL Das war parallel in zwei Zusammenhängen. Das eine war, dass ich im Sommer 1983 Diplom gemacht hatte und in den Monaten davor eine Hiwi-Stelle bei Sabine Hering an der Uni hatte, wo ich beauftragt war, ein Personen-Glossar zu erstellen zu einem Buch, das sie gemacht hat. Und da ging es vor allen Dingen um Frauen aus der Sozialarbeit, aber eben auch aus der Frauenbewegung, zum Beispiel Gertrud Bäumer. Plötzlich musste ich also zu solchen Personen recherchieren, über die ich vorher nicht so sehr viel wusste.

Das andere war, dass Sabine ja parallel mit der Archivgründungsvorbereitung beschäftigt war, was ich aber witziger Weise gar nicht über sie mitbekommen habe, obwohl ich bei ihr ja angestellt war, sondern über Jutta Harbusch, mit der ich schon viele Jahre befreundet war. Wir haben auch zusammen studiert und sie hat mir irgendwann davon erzählt, dass da eine Archivgründung ist und dass sie schon bei dem Vortreffen war und dass das total spannend ist. Das fand ich auch und bin dann mitgegangen zum Montagsplenum. Von dem Moment an war ich dabei. Das hat sofort gezündet, also ähnlich wie Gilla das wahrscheinlich auch erzählt hat. Das war sofort klar: Das ist jetzt mein Ding.

* Erzähl doch mal, was da genau „gezündet" hat, das Dich direkt so fasziniert hat?

C.W. Im Laufe meines Sozialarbeit-Studiums habe ich mich immer mehr mit der Geschichte und immer weniger mit der Gegenwart befasst. Das heißt, immer weniger interessierte mich Sozialarbeit als tatsächlicher Beruf, in den ich rein will, und immer mehr interessierte mich die Geschichte. Ich habe meine Diplomarbeit über Marie Juchacz und die Arbeiterwohlfahrt geschrieben. Also die Thematik war einfach schon mal da.

Und dann noch dieser Job bei Sabine, wo ich dann plötzlich auch noch mit der bürgerlichen Frauenbewegung zu tun hatte. Das war einfach ein Thema, mit dem ich sowieso schon angefangen hatte und das da nochmal befeuert wurde. Außerdem hatte ich nach dem Diplom keinerlei Aussichten auf irgendwelche Anstellungen, es gab keine Stellen. Das traf also zusammen: das zu finden, was mich eigentlich interessiert und andererseits überhaupt keine Berufsaussichten. Und da ja relativ schnell klar war: „Wir wollen dieses Archiv machen! Auch wenn wir jetzt natürlich mit nichts anfangen, wollen wir versuchen, Zuschüsse dafür zu kriegen, um dann irgendwann bezahlt dort arbeiten zu können." Von daher war das einfach eine Perspektive.

* Hattest Du denn vorher schon Kontakte zur Neuen Frauenbewegung? Gab es da schon Kontakte, bzw. warst Du da schon ‚infiziert'?

C.W. Ich war schon „infiziert", aber weniger über die autonome Frauenbewegung, sondern ich bin mehr über diese Schiene AWO, Linke, SPD gekommen und habe da im Rahmen der antikapitalistischen Jugendarbeit auch Mädchenbildungsurlaube gemacht. (...) Frauenbewegung war ja zu der Zeit überall

Thema und im Studium gab es plötzlich Seminare zur Mädchensozialisation und was da alles neu aufkam in der Zeit. Es gab natürlich immer die Abgrenzung: Wer ist jetzt welche Sorte Feministin? Feminismus ist die Theorie und Lesbischsein die Praxis. (...) Und ich war nie lesbisch und bin es auch nie geworden, trotz aller Frauenbewegung. Das war natürlich damals ein großes „Manko". Und ich glaube, wir waren so eine bunte Mischung auch in dieser Archivtruppe. (...) Wir kamen nicht eindeutig gemeinsam aus einer Richtung, aber alle hatten irgendwas mit Frauenbewegung und Feminismus in irgendeiner Variante schon zu tun gehabt. Wir haben uns da irgendwie zusammengerauft.

Begeisterung reinkniet. Und damals war jeder Gedanke an Berufsaufstieg, Karriere oder sonst was, völlig zweitrangig. (...) Wir haben alle irgendwo gejobbt, um unser Geld zum Lebensunterhalt zu verdienen, das war aber nebensächlich. Das Eigentliche, was wir gemacht haben, war das Archiv und wir sind jeden Tag ins Archiv gestiefelt. Ja, wir haben uns auch unheimlich gefetzt über vieles, aber es war eine ganz tolle Art, zusammen zu arbeiten oder zusammen was aufzubauen. Das ist was, was ich in dieser Zeit verorte. (...) Das waren ja nicht nur wir, das war ja rundum so, diese ganze Aufbruchsstimmung: Man findet etwas wichtig und dann macht man das, ohne erst groß bedenklich alle Folgen abzuwägen.

„Das hat sofort gezündet und es war sofort klar, das ist jetzt mein Ding!"

* Könntest Du nochmal sagen, welche Erwartung Du ganz am Anfang mit der Arbeit dort verbunden hast? Was war Dir besonders wichtig?

C.W. Also am Anfang war es wirklich dieses Ausgraben von dem, was Frauen in der Geschichte gemacht haben, was aber vergessen worden ist. Wir waren begeistert, wie total spannend das ist, was es alles schon gegeben hat und wer wann schon für was gekämpft hat, wovon wir nichts wussten. Dass z. B. der § 218 schon in den 1920er Jahren ein Thema gewesen war und sowas. Wo wir doch alle dachten, das haben wir gerade alles erst erfunden und dann war aber alles schon vorher da gewesen. Ja, das ging ja vielen so in der Zeit. Das Entscheidende war, etwas zu finden, was einen total begeistert, wo man sich mit

* Wie war die Resonanz auf die Eröffnung des AddF, z. B. in der Presse, in der Wissenschaft, der Politik?

C.W. Die Resonanz in der Presse war ziemlich gut. Der Internationale Frauentag war ein guter Anlass, da wollten sie alle berichten. Und es gab dann sehr viel positive Rückmeldungen, aber auch sehr skeptische, vor allen Dingen aus den Archivzusammenhängen, wo es dann hieß: „Ihr habt überhaupt keine Archivarin, Ihr habt noch nicht mal eine Historikerin da drin und Ihr wollt ein Archiv aufbauen?" Der alte Archivar vom Stadtarchiv z.B. war sehr freundlich, aber auch so ein bisschen: „Na ja, mal gucken, was die Mädels da machen." Also da war sehr viel Zurückhaltung.

Und aus der Wissenschaft kam, glaube ich, teilweise auch eine gewisse

Skepsis, denn wir waren ja alle nicht so ‚ordentliche' Wissenschaftlerinnen, sondern Sozialarbeiterinnen, Lehrerinnen u.ä. Das war ja in deren Augen nicht so dolle. Gut, andererseits hatten wir Sabine mit ihrem Doktortitel und Hanne als Historikerin, deswegen haben wir die am Anfang auch vorgeschickt für die ersten Interviews, aber das hat sich dann auch bald gelegt. Andererseits gab es aber mit denjenigen, die an den Universitäten mit Frauenforschung begonnen hatten, gute Kontakte und sehr positive Rückmeldungen.

* Und wie war die Resonanz in der Frauenbewegungsszene in Kassel?

C.W. Wir galten ja als die „Lippenstiftfraktion". Es hieß: Ein Archiv, was soll das denn sein? So richtig feministisch ist das ja nicht, also richtige Feministinnen bauen ein Frauenhaus auf, machen Beratung und stehen an vorderster Front. Aber wir trafen uns ja immer am 8. März, bei Demos oder bei irgendwelchen anderen Sachen. Und es hat dann sehr schnell den Zusammenschluss der Frauenprojekte gegeben, um gemeinsam Mittel bei der Stadt, diesen „Frauentopf", durchzusetzen. Da haben wir uns, glaube ich, sehr schnell Respekt verschafft, weil klar war: Wir machen da mit, wir können uns durchsetzen und wir sind vielleicht jetzt nicht diejenigen, die den Männern vor dem Frauenhaus einen vor den Latz knallen, aber wir haben auch unsere Qualitäten und man kann da gemeinsam was machen. (...) Da gab es schon ziemlich solidarische Akte. (...) Wir haben dann auch Frauenfeste zusammen gefeiert und da war das mit der „Lippenstiftfraktion" nicht mehr so klar, wenn die mit ihren Springerstiefeln da rumtanzten. Aber es war einfach die Art, wie wir aufgetreten sind, eher mal mit Röckchen oder so. Ja, wir waren dann äußerlich schon sehr unterschiedlich, aber trotzdem ist es eigentlich ziemlich gut gelaufen, finde ich.

* Ab 2000 war die Arbeit ja zunehmend davon geprägt, dass immer mehr Nachlässe ins Archiv kamen, angefangen mit dem großen Nachlass von Elisabeth Selbert, gefolgt von demjenigen von Gabriele Strecker. Schildere doch mal, was das eigentlich für Euch bedeutet hat?

C.W. Ja, es war dann plötzlich wirklich deutlich mehr Archivarbeit. Das war wie so ein Ruck, die Arbeit ist dann richtig archivmäßig geworden und dann kam eins zum anderen, der Nachlass von Theanolte Bähnisch ist noch aufgetaucht. (...) Das ist ja immer so, wenn Du so ein Fädchen hast, dann kannst Du irgendwo weiter zubbeln und dann kommt noch hier was und da was.

* Wie ging es dann mit der verstärkten Akquirierung von Nachlässen weiter?

C.W. Der nächste große Schritt, das ist aber ein paar Jahre später gewesen, war der Kontakt zum Deutschen Frauenrat. Im Rahmen unserer langjährigen Bemühungen um eine Bundesförderung ist es uns bei einem Archiv-Besuch der damaligen Ministerin Renate Schmidt von der SPD gelungen, wenigstens eine erste Projektförderung des Bundesministeriums für Familie, Senioren, Frauen und Jugend (BMFSFJ) zu bekommen. Und so konnten wir 2005/6 ein Erschließungsprojekt durchführen unter dem Titel: „Heute ist morgen schon gestern – Sicherung der historischen Überlieferung von Frauenverbänden." Das lief dann in Zusammenarbeit mit dem Deutschen Frauenrat und dadurch sind wir in Kontakt gekommen mit den ganzen großen Frauenverbänden, um mit denen darüber zu reden, dass sie ihre Unterlagen sichern müssen. Also es war nicht der Einstieg ins große Geld auf Bundesebene, aber es war der Einstieg in die Kooperation mit dem Frauenrat und mit den großen Verbänden. Und das hat sich dann erfolgreich fortgesetzt.

Zum einen wurde das Archiv immer bekannter und das eine zieht ja das andere nach sich. Da hieß es dann oft: „Ah, ihr habt den Nachlass von XY, dann gehört unserer doch auch dahin." Durch dieses Schneeball-Prinzip bekamen wir immer mehr Kontakte und es kamen immer mehr Bestände hinzu. Das andere ist aber, dass ich in diesen Jahren ständig eine Rundreise durch die Frauenverbände gemacht habe. Also ich war oft beim Frauenrat, ich war oft bei einzelnen Verbänden, bin bei irgendwelchen Versammlungen von denen aufgetreten und habe dort Vorträge gehalten und ihnen klar gemacht, wie wichtig es ist, dass sie ihre Sachen nicht wegwerfen. Ich war in der Zeit viel auf Tournee und das hat dann letztlich auch Wirkung gezeigt. Weil, wenn die Verbände es dann mal akzeptiert hatten und bereit waren, uns ihre Bestände zu überlassen, dann waren sie auch irgendwann froh, wenn sie sie los waren, statt volle Keller und Büros zu haben. Und dadurch ist dann einfach viel in Gang gekommen.

∗ Und ging es denn da auch schon in erster Linie um die Verbände nach 1945 oder erstmal um diejenigen, die weiter zurückreichen?

C.W. Als wir angefangen haben mit den Kontakten zum Frauenrat und den Frauenverbänden war natürlich unser Interesse, an diejenigen Verbände ranzukommen, die schon länger existieren. Aber es war dann oft so, dass deren Unterlagen doch eher aus der Zeit nach 1945 stammten, weil die Unterlagen aus der Zeit davor im Nationalsozialismus zerstört worden oder im Krieg verloren gegangen waren. Dadurch ist diese Zeit ab 1945 ein bisschen mehr in den Blick gerückt und wir haben irgendwann gesagt, wir erweitern unseren Sammelzeitraum ganz offiziell bis in die 1970er Jahre, beziehungsweise bei allen Verbänden, deren Unterlagen wir bekommen, nehmen wir sie bis heute, weil es keinen Sinn macht, irgendwann mittendrin abzubrechen. So kam dann auch noch die Nachkriegszeit dazu, (...) aber wir haben dennoch versucht, weiterhin den Blick möglichst weit nach hinten zu richten und jetzt nicht ganz neue Sachen zu nehmen, von denen klar ist, die gehören eigentlich ins FFBIZ oder irgendwo anders hin. Das ist ja nach wie vor das Interesse, nicht in Konkurrenzen zu anderen Frauenarchiven zu gehen, sondern sich mit den Sammlungen zu ergänzen.

„Wir waren uns von Anfang absolut einig, dass ein demokratischer Staat verpflichtet ist, auch Projekte zu finanzieren, die ihm nicht genehm sind oder die irgendwie schräg liegen, also auch sowas wie uns."

2006 bis 2009 haben wir dann in Zusammenarbeit mit dem Deutschen Frauenrat noch eine weitere Initiative gestartet, um Frauenverbände bei der Archivierung ihrer Unterlagen zu beraten: das „FrauVerA"-Projekt (FRAUenVEReineArchivierung). Das ist auch aus meiner Reisetätigkeit und meiner „Belehrungstätigkeit" entstanden. Wir haben eine Internet-Präsentation aufgebaut mit einer kleinen Anleitung, so einem Vademecum, wo man nachschauen konnte: Was müssen Vereine eigentlich aufheben? Was ist ein Archiv? Wo kann man was hingeben? Was ist überhaupt wichtig aufzuheben und warum? Und was kann man auch ruhig wegwerfen? Und wo findet man Informationen darüber, wie man damit umgeht, wenn man die Sachen selber aufbewahren will? Was ist hinsichtlich Klima usw. zu beachten? (...) Und im Anschluss daran gab es dann noch „FrauVerA erzählt", in dem es um Interviews ging. Das hat Regina Lönecke gemacht, sie hat eine Internetseite aufgebaut mit Hinweisen, Tipps und Tricks: Wie mache ich das mit Interviewtechniken und Oral History im Frauenverband? Das waren aber auch Instrumente, um weiter an Nachlässe ranzukommen, bzw. diesen Archivierungsgedanken weiter zu verbreiten und bewusst zu machen.

Schließlich haben wir dann 2013 bis 2016 noch das Projekt „45plus" ins Leben gerufen, um Unterlagen speziell von Frauenorganisationen der 1950er bis 1970er Jahre und auch Nachlässe aktiver Frauen aus dieser Zeit aufzuspüren und zu sichern.

* Wenn Du jetzt noch mal zurückdenkst: Deine ursprünglichen Erwartungen an das AddF und Deine Wünsche an diese Arbeit, inwieweit wurden die erfüllt oder enttäuscht?

C.W. Ich überlege gerade, was ich für Wünsche hatte am Anfang. Ach, die wurden schon ganz schön gut erfüllt. Sonst wäre ich ja auch nicht 36 Jahre dabeigeblieben. (...) Nach meinem Ausscheiden fand ich es aber ganz wichtig, wirklich einen klaren Schnitt zu machen und zu sagen, ich bin jetzt raus, zumindest aus allen organisatorischen und Entscheidungsprozessen. Was ich aber sehr schön finde, ist, dass ich immer noch Honorarverträge kriege für Projekte, dass ich Texte schreiben kann, weil das das ist, was ich sowieso immer am liebsten gemacht habe. Und, dass ich mich an bestimmten Punkten einfach noch mit einbringen kann und angefragt werde und was Nützliches beisteuern kann.

* Dann komme ich jetzt zur Abschlussfrage: Wie siehst Du die Zukunft des AddF?

C.W. Also ich würde mal als erstes sagen: Es hat eine Zukunft! Das haben ja auch nicht alle. Ich hoffe, dass diese Absicherung über Land und Stadt, auch wenn sie nie ausreicht, weiterhin besteht, denn man weiß ja nie, was bei Regierungswechseln wieder passiert. Aber ich habe das Gefühl, das Archiv ist schon gut verankert in diesen Zusammenhängen. Was ich den Kolleginnen wünsche, ist, dass sie weiterhin die Kraft haben, immer weiter dranzubleiben, denn von alleine bleibt das natürlich nicht bestehen, sondern man muss ständig weiter baggern und hier Gespräche führen und da Gespräche führen. Ja, und vielleicht wirklich, dass es mal gelingt, ein bisschen entspannter zu arbeiten, dass sich nicht alle immer so bis zur Erschöpfung kaputt machen. Also das wäre der persönliche Wunsch. Aber im Großen und Ganzen sehe ich das Archiv auf einem guten Weg; es ist gut verankert und gut vernetzt.

34

35

36

37

38

39

40

41

42

MAN KONNTE SICH ÜBERALL AUSPROBIEREN

↓

⁕ Was waren Deine Motive, persönlich wie inhaltlich, Dich im Archiv zu engagieren? Was hat Dich daran interessiert?

PROF. DR.IN LEONIE WAGNER Also es war so, dass ich nach dem Studium erst mal erwerbslos war. Das war zu dem Zeitpunkt nicht besonders ungewöhnlich für Sozialpädagoginnen. (...) Und dann hatte ich – ich weiß gar nicht mehr genau warum – die tolle Idee, ich könnte doch Buchhändlerin werden. Der ABC-Buchladen hatte damals eine Stelle ausgeschrieben. Und ich sagte: „Klar, ich bin keine Buchhändlerin, aber die würden mich einstellen, und ich könnte parallel dann sozusagen die Ausbildung irgendwie noch machen."

Dann gab es eines Abends eine Veranstaltung vom Archiv der deutschen Frauenbewegung im „Café Vis-à-vis", einem Projekt , das aus der Sozialen Arbeit entstanden war und in dem ich gearbeitet habe, und da sprachen mich danach Sabine und Gilla an und sagten: „Leonie, wir machen mit der Kreisvolkshochschule ein Projekt zur Geschichte der Mädchen- und Frauenbildung in Kassel. Und das könnte Dich doch interessieren, weil Du bist ja historisch interessiert auch an Frauengeschichte." Und dann hab ich gesagt: „Oh ja, warum habt Ihr mir das nicht früher gesagt, ich hab grade beim ABC-Buchladen zugesagt." Und dann hat aber zwei Tage später der ABC-Buchladen angerufen und gesagt: „Du Leonie, es ist uns echt ziemlich peinlich, aber wir haben eine Frau, die ist Buchhändlerin (...)." Und dann hab ich gesagt: „Ja, passt."

Ich hatte meine Diplomarbeit geschrieben zu Sophie Scholl. „Der Traum von einer Sache. Beispiele politischen Handelns am Leben von Sophie Scholl und Rosa Luxemburg". Und ich hatte mich auch vorher schon mit geschichtlichen Themen immer mal wieder auseinandergesetzt. Also insofern war Geschichte, Frauengeschichte mir nah. Und ich dachte: „Ja, wie geil ist das denn?"

⁕ Inwieweit hast Du die Arbeit im AddF als feministischen Akt gesehen?

L.W. Insofern feministischen Akt als ich das total wichtig fand, ich finde das immer noch ein total wichtiges Thema, neben dem, dass es mich interessiert, finde ich das ein wichtiges Thema. Quasi die Bedeutung von Frauen, so es die denn gab in der Geschichte (lacht), auch sichtbar zu machen, und sich damit auseinanderzusetzen, und nicht das Rad permanent selber zu erfinden. Obwohl das Rad einem ja gerne auch in den Händen zerschlagen wird. Also als feministischen Akt, nee, glaube ich nicht, hab ich das nicht gesehen. Also ich fand das eine tolle Möglichkeit. Ich hab' auch im Unterschied zu anderen nie das Problem gehabt, ‚nur' mit Frauen zusammen zu arbeiten. Ich fand das normal. Wo ist denn, wo könnte denn das Problem liegen? Aber zu sagen, das war ein feministischer Akt, das wäre mir glaube ich zu weitgehend.

⁕ Wie hast Du die Arbeit im AddF erlebt? Wie funktionierte die Zusammenarbeit? Und wie waren die internen Strukturen?

L.W. Na, das Prinzip, mit dem ich angefangen habe, war: Alle machen alles. Das war für mich super. Weil ich quasi alles gelernt habe im Archiv: Von der Buchaufnahme bis zur Publikation der Zeitschrift oder der Herausgabe von Schriftenreihen, die Erstellung von Lesungen wie die Regeln zur alphabetischen Katalogisierung. Ich hab' mit der Rosi zusammen, Rosa Maria Winheim, das Bibliotheksprogramm ausgesucht. Also das war einfach sozusagen eine unerschöpfliche Fülle an Aufgaben. Ich hab' auch bei dem Finanzierungskrempel mitgearbeitet. Das fand ich total toll. Also alles angucken, ausprobieren, das war auch zunächst mal eine sehr ‚angenehme Einarbeitung'. Also das fand ich schon klasse.

Zu dem Zeitpunkt waren Minimum 16 Personen im Archiv. (...) Das Montagsplenum war entsprechend lang, und es gab schon auch verschiedene Kontroversen oder Debatten. Also eine Debatte ist die mit dem Computer, wo wir, ich weiß gar nicht wie oft und wie lange, und immer wieder drüber gesprochen haben. Und es gab in meiner Erinnerung sehr deutlich zwei Personen, die

„Ein total wichtiges Thema ist, die Bedeutung von Frauen in der Geschichte sichtbar zu machen und sich damit auseinanderzusetzen."

das vehement abgelehnt haben, dass Computer in diesen Laden reinkommen, auf Grund der ihrer Meinung nach dahinter stehenden Ideologie und Herkunft: Militär und Überwachung und weiß ich nicht. Und es gab aber die anderen, die irgendwie gesagt haben: Hmmhm, das sehen wir nicht so. Dann gab es so einen Schreibcomputer. Und das war so absurd, weil wir haben quasi Disketten bekommen von den Autorinnen der „Ariadne". Die haben wir auf unseren eigenen Computern irgendwo ausgedruckt, um es dann in diesen Schreibcomputer wieder reinzuschreiben (lacht). Es hatte so irrsinnig absurde Züge.

Aber es gab eben tatsächlich das Konsensprinzip. Weshalb diese zwei Personen lange Zeit eben auch dazu in der Lage waren, zu sagen: „Nein". Und dann war „Nein". Ich weiß nicht, ob ich jetzt etwas romantisiere, also das war nicht toll, aber ich hatte nicht den Eindruck, dass es so richtig geknallt hat darüber. Also das heißt, man konnte das immer noch mal diskutieren.

* Aber drei Frauen sind doch wegen dieser Debatte aus dem AddF ausgeschieden.

L.W. Ja, warte mal, wir sind noch nicht am Ende der Fahnenstange. Weil der Punkt war, dass wir irgendwann entschieden haben, das Konsensprinzip außer Kraft zu setzen bei dieser Frage. Weil das Konsensprinzip bedeutet ja, dass es eine Minderheitenposition gibt, die sich durchsetzt gegen alle anderen. (...)

Und dann war klar: Okay, es gibt einen Computer. Dann sind eben welche gegangen, das war auch glaube ich angekündigt. (...) Aber die waren echt klasse darin. Sie haben nicht gesagt:

„Ihr seid doof, und tschüss." Sie haben die Entscheidung respektiert und keinen großen Zinnober draus gemacht, sondern haben gesagt: „Okay, dann ist das einfach nicht mehr unser Projekt."

* Du hast eben gesagt, am Anfang galt: Alle machen alles. Was Dir auch wichtig war. Aber es kam ja dann doch relativ schnell zu einer gewissen sukzessiven Ausdifferenzierung der Arbeitsbereiche und damit eine gewisse Arbeitsteilung zustande, oder?

L.W. Also was da alles im Einzelnen reingespielt hat, weiß ich nicht mehr. Also was für mich sehr eindrucksvoll war: Wir hatten irgendwann (lacht), wer auch immer, festgestellt, dass, wenn man ein Archiv haben will, dass es da für die Unterbringung sag ich mal (lacht) der Archivalien gewisse Regeln, Standards geben sollte, die Sinn machen, weil nämlich sonst das Papier kaputt geht oder man das nicht mehr lesen kann, und dies und jenes. Und zu dem Zeitpunkt war irgendwie alles in Ordnern und mit so Heftklammern oder (lacht) irgendwie so. Also alles ganz furchtbare Sachen, (...) wir haben viel falsch gemacht anfangs. Aber dann wurde relativ schnell klar, wir brauchen irgendwie an bestimmten Stellen auch ein bisschen Spezialisierung, weil sonst macht das keinen Sinn. Und es gab natürlich auch Vorlieben. Also wer macht was gerne und was nicht so gerne? Und irgendwann wurden ja die ABM´s, diese Arbeitsbeschaffungsmaßnahmen, abgeschafft. Das heißt, es gab da ja auch noch mal einen Einschnitt. Wo klar wurde, so wie das Modell bislang gefahren wurde, geht es irgendwie nicht mehr. Also wo sich was verändern musste auf Grund der finanziellen Situation. Und dass sich dann solche Spezialisierungen rauskristallisiert haben.
Aber ich glaube, das ging auch noch mal damit einher, dass irgendwann klar war, es gibt ein „Vier-plus-zwei-Modell", d.h.: Es gab vier „ganz feste" Mitarbeiterinnen des Archivs der deutschen Frauenbewegung, plus zwei, die so am Rande mitschwammen.

Es gab aber vorher auch schon Arbeitsteilung. So war immer klar, mit den Finanzen, das haben nicht alle gemacht. Und das wurde dann ausgedehnt. Es kam dazu, dass einige ja nun Weiterbildungen gemacht hatten: Conny zur Wissenschaftlichen Dokumentarin, Silke im Bibliothekswesen und Gilla hat promoviert. Sodass dann also zu dem „das mach ich gerne"' auch noch bestimmte Kompetenzen hinzukamen und es so zu einer Überführung in eine andere Struktur kam. Bis es zu diesem „Vier-plus-zwei- Modell" kam, gab es aber auch eine Supervision und lange, lange Diskussionen. „Wie können wir das eigentlich machen? Wie geht das gut?" Und auch Frauen, die gegangen sind, sind ja nicht entlassen worden, sondern haben sich entschieden, dass das nicht mehr ihr Ding ist, und dass sie dann lieber was anderes machen wollen.

„Ich bin froh, dass ich zu einem Zeitpunkt ins Archiv kam, als da einfach der Himmel noch irgendwie keine Grenzen kannte."

(...) Vielleicht ist da auch noch mal so ein Unterschied: Waren die in erster Linie im Archiv wegen des Inhalts des Archivs oder waren die in erster Linie im Archiv, weil es ein Frauenprojekt war? Und ich glaube, dass ein Teil auch eher Frauenprojekt-Orientierung hatte, auch wenn sie das Archiv schon auch spannend fanden. (...) Ich meine, das ist ja so eine Krux in vielen Projekten, nicht nur in Frauenprojekten, dass wenn Du erst mal anfängst und hast dann Schwung und Elan und (...) verschiedene Menschen, die dabei sind. Und dann setzt dieser Professionalisierungsprozess ein und bestimmte Sachen müssen blöder Weise auf der Strecke bleiben, weil er so eine „alle machen alles"-Mentalität über Jahre nicht zulässt. Und zum anderen eben auch diese finanziell prekäre Situation. Deshalb bin ich super froh, dass ich zu dem Zeitpunkt ins Archiv gekommen bin (lacht), an dem ich ins Archiv gekommen bin. Weil da einfach noch irgendwie der Himmel keine Grenzen kannte, was das anging. (...) Man konnte sich überall ausprobieren (lacht), um irgendwann festzustellen: „Ah, das ist mein Ding." Also ich hab da irrsinnig viel gelernt, das war schon sehr super. (...) Und das ist so ein bisschen bedauerlich für die, die jetzt kommen, dass das irgendwie nicht mehr einfach so in der ganzen Hülle und Fülle möglich ist.

* 1992 wurde ja im Zuge der institutionellen Förderung durch das Hessische Ministerium für Wissenschaft und Kunst ein wissenschaftlicher Beirat eingerichtet. Wie hat sich das dann in der Praxis dargestellt?

L.W. Ich fand das dann eigentlich ganz schön, weil ja verschiedene Personen in den Beirat gekommen sind, deren Beratung ich als sehr bereichernd für das Archiv erlebt habe, und die sich auch sehr unterstützend und konstruktiv verhalten haben. (...) Das waren eigentlich immer ganz schöne Gespräche mit dem Beirat und da waren ja auch interessante Personen drin.

* 1996 konnte das AddF ja in die Räume in der Gottschalkstraße umziehen. Hast Du das noch mitgekriegt?

L.W. Ja, das war dann logischerweise auch noch mal eine echte Anstrengung. Weil so einen Umzug mit „so ein paar Büchern"' macht man ja nicht mal eben so. (lacht) Also das war schon ein ziemlicher Akt. Aber es war super organisiert, davon war ich ganz begeistert. So einige haben da offensichtlich die richtigen Ideen gehabt, wie man so etwas organisiert. Das erinnere ich noch gut. Und dass es ja auch irgendwie schön war, dann dort anzukommen in diesen Räumen, weil es gab dann ja endlich einen richtigen Lesesaal und so eine gescheite Regalanlage mit Rollen für das Magazin. (...) Das hat ja dann alles ziemlich gut geklappt und das war ganz toll.

* Was glaubst Du, wie hat es das AddF geschafft, so groß und professionell zu werden?

L.W. Na ja, ich denke über echt richtig gute Arbeit, ein kontinuierliches Dranbleiben und eine gute Lobbyarbeit.

WARUM FASZINIERT MICH FRAUENGESCHICHTE?

↓

Hanne Wiedner war Lehrerin und Mitgründerin des AddF, von Anfang an bis zu ihrem Tod 2008 hat sie es mit feministischem Elan und energischer Kritik begleitet. In diesem Auszug aus ihrem Tagebuch[1] sinnierte sie nach einer nächtlichen Diskussion mit zwei Freundinnen über die Bedeutung von Frauengeschichte.

HANNE WIEDNER
29.12.83 — 22:00 UHR
nach Besuch bei Barbara u. Sigrun

Warum interessiert mich Geschichte, Historie, warum ist es stets mein Wunsch, einmal ein hist. Sachbuch über Frauenleben zu schreiben? Warum beschreibst du nicht die Gegenwart, die dich doch angeht? so Barbara u. Sigrun. Nach langem, auch wütendem Argumentieren, wieso denn nicht Geschichte: Geschichte ist doch wichtig für uns, wie unser Leben verstehen ohne Geschichte? Wir müßten ja alles noch einmal denken, oder wiederholen, obwohl es schon x-mal in der Geschichte zu finden war; so ich! (...) Ich vergeude nur meine Energien! so Barbara. Ja, was hat denn die Geschichte der Frauen mit mir zu tun – heute –, in dieser Gegenwart von erneuter Repression, Pershing-2-Raketen, Krieg und Mord? Flüchte ich tatsächlich aus der Gegenwart?

Warum aber immer wieder dieses Mitgerissensein, Aufgewühltsein beim Lesen u. Diskutieren dieser historischen Themen? (...) Einmal wohl die Faszination, Verbindungen, Linien zu finden zwischen heute und damals, zu sehen, wie sich eins ins andere fügt, wie lange und zu welchen Ergebnissen Entwicklungen führten. (...)

Was fehlt alles davon in den Schulgeschichtsbüchern, was alles dachten wir mühsam „neu" (Anfänge der Frauenbewegung), was mußten wir alles entdecken und tun es noch und war doch schon vorhanden (Hedwig Dohm, Augspurg/Heymann, Minna Cauer usw.) „Was geht mich Malwida von Meysenbug an, es war doch eine andere Zeit?" So Barbara. Ja, aber viel schwieriger als heute, finde ich, und dennoch hatte sie so viel Mut, einen „besonderen" Weg zu gehen wieviel kühner waren viele als ich heute, so finde ich es oft. Wieviel konsequenter formulierten sie als ich jemals getan habe! Wie mühselig war für mich, all das wieder zu entdecken, „meine Geschichte" damit zu finden, wie wäre es gewesen, wenn auf meiner Mädchenschule je eine Lehrerin uns davon erzählt hätte, von den Konflikten, von den Utopien, von dem Leben „neben" der Gesellschaft? Habe ich nicht immer gesucht nach anderen Wegen, ohne es so klar zu wissen, was ich suchte? Noch in meiner Studienzeit unter den Linken dachte ich „anders", u. könnte es niemandem sagen, weil es niemand verstand, und wußte immer, daß ich irgendwie richtig lag im Denken und Verweigern. Welche Erregtheit, als ich Alice Schwarzers Buch „Der kleine Unterschied" fand und die ganze Nacht durchlas in einer der Geschichten mich und mein Widerstreben wiederfand u. wußte, daß ich stets recht hatte, daß da noch jemand dachte wie ich! Wieviel leichter und entschiedener hätte ich „meinen" Weg gehen können, wieviel bewußter und selbstbewußter z.B. an der Hochschule (...) etwas planen können? Wie ziellos bin ich langegelebt? entlanggelebt? Vielleicht hätte auch dies alles nicht so viel für mich geändert wie ich heute denke. Aber immer noch „beherrscht" mich der Gedanke, daß ich es den Kindern, den Mädchen und vielen Erwachsenen auch mitteilen müßte: das alles gab es schon, diese Radikalität, diese Verweigerung von Frauen, diese Kühnheit, wieviel Kraft, um studieren zu können, wieviel Mut, alleine sich durchs Leben zu bringen. noch weniger oder nichts am Zustand der Welt! Und dennoch wieviel verschwendete Kraft, Energie, Verzweiflung, wieviele Zweifel, Einsamkeit und Ausgeschlossensein ohne zu wissen, warum, ohne Ahnung von etwas, was tausendfach und millionenfach – unseren Schwestern passiert war – ohne Ahnung, daß es zu überwinden war, wenn nicht generell so doch in Teilen u. individuell! Und sollten wir dies heute nicht wissen u. anwenden u. alle unsere Kraft und Energie im Neudenken, im neuen Verhalten stecken, um in aller Schärfe bloß-

„So seht, das alles ist erreicht, ihr könnt Abitur machen, studieren, so nützt es doch!"

Um wievieles leichter ist es doch, dies heute zu tun und dennoch tun wir es noch immer nicht! In der Schule möchte ich manchmal schreien, so seht, das alles ist erreicht, ihr könnt Abitur machen, studieren, so nützt es doch! (...) „Und die Widerstände heute, sind sie nicht genauso wie vor 100 Jahren (numerus clausus, Arbeitslosigkeit, Mädchen u. Frauen sind heute stärker betroffen, neue „Mütterlichkeit" usw.) so Barbara. „Was hat sich denn verändert?" Nein u. abermals nein, natürlich gesellschaftliche Widerstände, natürlich lebt das Patriarchat aber um wieviel klarer könnten wir es heute analysieren, wo wir sein Ende (Atombomben) oder Zerstörung der Erde durch Gifte und die Technik so direkt vor Augen haben? Hätten wir eben auch früher davon gewußt, von unseren Schwestern gelesen u. gelernt, ihre Warnungen gehört, wären wir nicht viel bewußter auf anderes Handeln u. Denken zugesteuert? Nun, wir hätten vielleicht nicht sehr viel geändert – ändern können an uns und unserem Leben, zulegen, was uns zerstört und vernichtet (Patriarchat), es hinter uns lassen, u. eine neue Welt uns denken und anfangen zu leben.

Und darum doch Geschichte und zugleich Gegenwart, ich und meine Geschichte, die auch die Geschichte Malwidas ist.

02.01.84 – 23:00 UHR
Über Geschichte zu schreiben, bedeutet wohl auch, noch an eine Zukunft zu glauben, was, wenn ich die Gegenwart wirklich wahrnehme, wenig wahrscheinlich ist.

1 AddF, Nachlass Hanne Wiedner, NL-P-28, Karton 21, Archivbuch 1983

WARUM SIND FRAUEN IMMER SO BESCHEIDEN?

↓

* Wie hast Du zum ersten Mal vom AddF gehört?

ROSA M. WINHEIM Ich habe mich damals in der Kasseler Frauenbewegung engagiert und diese war überschaubar. Deshalb hat frau immer mitgekriegt, was in der Frauenszene passiert ist. Zu Gilla Dölle hatte ich einen guten Bezug über unser Studium. Ich war informiert darüber, dass das Archiv gegründet wurde, was im Archiv passiert, z.B. durch Aktionen und wenn die Archivfrauen an die Öffentlichkeit gegangen sind.

* Und wie kam es dann zu Deiner Mitarbeit?

R.W. Zu dem Zeitpunkt war ich gerade arbeitslos, weil das Projekt, bei dem ich bis dato mitgemacht habe, nämlich die Planung und Durchführung der Gesundheitstage in Kassel, abgeschlossen war und ich habe damals in einer Kneipe gearbeitet, (...) dem „Dizzy", ein Kneipenkollektiv. Eines Abends kam Gilla Dölle (...) und hat mich gefragt, ob ich mir vorstellen könnte, im Archiv der deutschen Frauenbewegung zu arbeiten. Ich habe überlegt und mir gedacht, dass das ein schönes Angebot ist. Es machte mich auch stolz, dass sie an mich gedacht hat. Aber ich wollte es mir trotzdem gerne noch überlegen (...) Und dann habe ich mich entschieden mitzumachen, habe mir gedacht, das wird spannend und etwas ganz anderes.

* Was fandest Du daran spannend und was waren letztlich Deine Motive, das Angebot anzunehmen?

R.W. Ich hatte mich in meiner Magisterarbeit mit der PorNO-Debatte beschäftigt, die Alice Schwarzer in den 1980er Jahren angestoßen hat, und ich war überhaupt nicht überzeugt von der Argumentation, weil diese auf eine Verbotsdebatte hinauslief. (...) Da hatte ich das Gefühl: „Ja, man muss doch genauer hingucken." Die damalige „neue Frauenbewegung" hatte auf einmal einen ganz anderen Drive. Und daher war es für mich eher vernunftmäßig begründet, sich um Geschichte zu kümmern. Das fand ich dann im Archiv gegeben: Sozusagen: „Guck doch mal zurück. Es gibt wahrscheinlich viel aus der alten Frauenbewegung, das Du nicht kennst, viele, viele Punkte, die sich eventuell wiederholen, aus Unkenntnis, oder die Punkte, die eine neue Perspektive geben und so weiter." (...) Ich kannte viele Protagonistinnen der alten Frauenbewegung nicht und wusste nicht, wie viel und was diese damals schon diskutiert und gemacht haben. Und all das hat mich letztendlich dazu bewogen mitzumachen. Außerdem fand ich die im Archiv arbeitenden Frauen kompetent und nett, konnte sie einschätzen, dass sie eine tolle und vernünftige Arbeit machen. Das Persönliche war ganz wesentlich und ausschlaggebend, so dass ich dann dachte: „Oh ja, das wird bestimmt spannend."

* Hat sich dann für Dich ein bestimmter Arbeitsbereich rauskristallisiert?

R.W. Da mir am Anfang die historischen Zugänge fehlten, bewegte ich mich eher auf der formalen, strukturellen Ebene. (...) Ein inhaltliches Projekt war für mich die Entwicklung der Stadtrundfahrt zu den Kasselerinnen „Streifzüge aus zwei Jahrhunderten". Das fand ich sehr spannend. (...) Wir wollten weibliches Leben in Kassel aus der Vergangenheit sichtbar machen, das ist informativ und gut gelaufen. Ich war immer wieder überrascht, wenn Personen, die an der Stadtführung teilnahmen, begeistert sagten: „Das haben wir alles nicht gewusst, das ist toll, dass Sie das machen und so weiter." Da hatte ich das Gefühl, das ein wichtiger neuer Aspekt für die Kasseler Stadtgeschichte hinzugefügt wurde. (...) Später ist es mir gelungen, etwas dazu beizutragen, dass das Archiv eine institutionelle Förderung bekam. (...) Wir hatten häufig Diskussion darüber, wie wir das Archiv gut finanzieren können Warum haben wir nicht einfach damals schon mit einer Finanzierungssumme aufgewartet, die realistisch war?" Wir haben uns nicht getraut und mehr als knapp kalkuliert, statt einfach zu sagen, wir schlagen noch mal 50% drauf, damit die Finanzierung tatsächlich für die verschiedenen Vorhaben reicht. (...) Im selben Jahr wurde dann auch der Förderkreis der „Freundinnen des Archivs der deutschen Frauenbewegung" gegründet, um ein zweites Standbein der Finanzierung aufzubauen. Denn wir wussten, die Politik kann immer den Etat kürzen. (...) Also ich fand das eine sehr herausragende und sich gut ergänzende Idee, die sich auch bis heute trägt.

„Guck doch mal zurück;
Es gibt wahrscheinlich aus der alten Frauenbewegung viele, viele Punkte, die sich eventuell wiederholen, aus Unkenntnis."

und wie dies nicht immer zu Lasten der Mitarbeiterinnen gehen muss. Das hieß, weg von der Projektfinanzierung hin zu einer institutionellen Förderung vom Land. Diese musste zwar auch jährlich beantragt werden, aber es wird die Institution gefördert und es kann nicht so schnell gesagt werden: „Euch fördern wir gar nicht mehr". (...) Das wollten wir. Wir haben ziemlich viele Gespräche bei den rot-grünen Koalitionsverhandlungen 1991 in Wiesbaden geführt: „Wir sind ein tolles Projekt, um uns weiterentwickeln zu können, brauchen wir eine institutionelle Förderung." Und 1992 waren wir erfolgreich. (...) Allerdings haben wir im Nachhinein dann den Kopf geschüttelt und uns gefragt: „Warum sind Frauen immer so zurückhaltend und bescheiden?

* Wie zufrieden warst Du retrospektiv gesehen mit der Arbeit im AddF?

R.W. Ich war sehr zufrieden mit der Arbeitsform, den Arbeitsinhalten und wie wir uns ausgetauscht, zusammengearbeitet haben. (...) Für mich war das eine gute Erfahrung im Kollektiv, die sehr produktiv war. Es wurde von unterschiedlichen Personen Verantwortung übernommen und diese standen dann auch dafür ein. (...) Ich habe mir immer gewünscht, dass mehr Geld vorhanden wäre, dass man die Frauen angemessener bezahlen kann. Auch wenn heute die Finanzierung besser aufgestellt zu sein scheint, ist es immer wieder ein Thema, dass die anstehende Arbeit, auch angemessen bezahlt werden sollte.

DIL - FER
FES - FUSS

HAH - HOF

ENTFALTUNG

2004

– 2013

ES GILT ALSO NUN, DAS WERK AUS EIGENER KRAFT ZU VOLLBRINGEN

Am 8. März 2003 – wieder mal ein Internationaler Frauentag – wurde die •*Stiftung Archiv der deutschen Frauenbewegung* ins Leben gerufen. Einige Wochen später bildete der Eulensaal der altehrwürdigen Murhardschen Bibliothek in Kassel die Kulisse, vor dem dieses besondere Ereignis mit einem Festakt begangen wurde. In Anwesenheit vieler Gründungsstifterinnen, des Regierungspräsidenten Lutz Klein, der ehemaligen Bundestagspräsidentin Rita Süssmuth, die die Festrede hielt, und Unterstützer:innen aus dem Umfeld des AddF, erklärte Inge von Bönninghausen im Namen des Stiftungsvorstandes: „Heute beginnt das Archiv der deutschen Frauenbewegung sein ewiges Leben!"

FÜR IMMER UND EWIG

Denn die Organisation als eingetragener Verein schien der stetig wachsenden Größe und Bedeutung des AddF nicht mehr angemessen zu sein. Brauchte diese expandierende Einrichtung mit all ihren Tätigkeitsfeldern nicht eine stabilere Organisationsform, etwas für die Ewigkeit? Das Zauberwort hieß Stiftung, das Problem war das Stiftungsvermögen. Das Regierungspräsidium Kassel hatte als zuständige Stiftungsaufsicht die Mindestsumme eines Stiftungsvermögens 2001 auf 50.000 DM festgelegt, 2002 wurden daraus mit der Einführung des Euro ganz entgegen dem üblichen Umrechnungskurs von 2:1 unversehens 50.000 Euro. Die Idee war nun, 20 Frauen zu finden, die bereit waren, je 2.500 Euro zu spenden. Das Leitungsteam selbst ging voran und setzte das Preisgeld des •*Elisabeth-Selbert-Preises* in Höhe von 10.000 DM, jetzt also 5.000 Euro, ein.

Der Plan der Stiftungsgründung wurde verbreitet und war, auch dank vieler Freundinnen, die sich bereits im Förderverein engagierten, verblüffend schnell erfolgreich. Innerhalb weniger Monate kam ein Kapital von 63.500 Euro zusammen.

Das war vor 21 Jahren. Aktuell umfasst das durch zahlreiche Zustiftungen angewachsene Stiftungsvermögen knapp 195.000 Euro und eine erste Immobilie, die dem AddF geschenkt wurde. Der Archiv- und Bibliotheksbestand hat einen Sachwert von annähernd 7 Millionen Euro erreicht.

→ Die Gründungsstifterinnen, 2003

OPERATION DÜSTERE ZUKUNFT

Und doch endete dieses so vielversprechend begonnene Jahr mit einem heftigen Missklang. Der Hessische Ministerpräsident Roland Koch verkündete im September 2003 ein Sparpaket der Landesregierung, mit dem zahlreiche vom Land finanzierte Einrichtungen und Projekte ‚auf Null gesetzt' oder zumindest massiv gekürzt wurden. Der Titel des Sparprogramms, *Operation sichere Zukunft*, konnte von den Betroffenen nur zynisch verstanden werden, für sie ging es vielmehr um eine düstere Zukunft. Das AddF gehörte zu jenen, die mit einer 20%-Kürzung noch vergleichsweise glimpflich davonkamen, zwei Kolleginnen konnten durch ein engagiertes und überzeugendes Gespräch mit dem Wissenschaftsminister Schlimmeres verhindern. Dennoch war das nach den über lange Jahre mühsam erarbeiteten kleinen Steigerungen der Förderung ein herber Rückschlag. Es hieß durchatmen, protestieren, weitermachen. Vor allem aber musste das Geld

→ Zitat rechts: Maria Lischnewska: Die Bibliothek für die Frauenfrage, in: Die Frauenbewegung, 2. Jg. 1896, Heft 10, S. 96f.

„Es gilt also nun,
das Werk aus eigener Kraft
zu vollbringen."

Maria Lischnewska

ja irgendwo eingespart werden. Der Vorschlag des Ministeriums, eine Personalstelle zu streichen und eine der Mitarbeiterinnen zu entlassen, wurde einhellig abgelehnt. Stattdessen gab es eine AddF-typische Reaktion: Alle reduzierten gleichermaßen ihre Arbeitsstunden und damit auch ihr Gehalt.

Die neugegründete Stiftung konnte die so entstandene Finanzlücke zwar nicht auffangen, doch zweifellos war sie in dieser Situation eine gute Rückendeckung und ein Hoffnungsträger. Da schon bald nach der Gründung die Zinsen stetig sanken, war der Traum, vom Zinsertrag in absehbarer Zeit vielleicht eine halbe Stelle finanzieren zu können, schnell ausgeträumt. Doch hatte die Stiftung einen anderen positiven Effekt, der bis heute anhält: Sie bürgt für die Seriosität des AddF. Es zeigte sich schnell, dass eine Stiftung ungleich mehr Vertrauen als ein Verein genießt, sowohl was die Spendenbereitschaft betrifft als auch das Ansehen in politischen Kreisen, bei Fördergeber:innen und in der Fachwelt. Das war verblüffend, weil sich ja außer der Organisationsform nichts geändert hatte, wurde aber erfreut zur Kenntnis genommen. Auch wenn sie das Finanzproblem nicht lösen konnte, erwies sich die Stiftungsgründung als richtige Entscheidung.

LOBBYARBEIT IMMER UND ÜBERALL

Damit allein war es aber natürlich nicht getan. Dass das AddF heute keineswegs üppig ausgestattet, aber doch existentiell gesichert ist, ist Ergebnis unablässigen Einsatzes zu allen Zeiten.

Unter dem wunderbar lautmalerischen Namen *Wachteln unter Geiern* hatte sich schon Mitte der 1980er-Jahre eine Gruppe aus den Kasseler Frauenprojekten zusammengetan, um städtische Gelder für feministische Projekte einzufordern, auch das AddF war damals dabei.[14] Nun, rund 20 Jahre später, erfuhr das AddF zwar immer mehr Anerkennung und Würdigung, dennoch blieb die Finanzierung ein Thema. Und so ist *Wachteln unter Geiern* nach wie vor eine treffende Charakterisierung des unermüdlichen Kampfes um dauerhafte institutionelle Absicherung. Sie beschreibt den Zustand, aber auch die Bereitschaft, sich ‚unter Geiern' zu behaupten, will sagen: der Verteilungskampf um Fördergelder ist hart. Das AddF ist

14 Die Gruppe war über mehrere Jahre aktiv und verhandelte gemeinsam mit der Stadt über den ‚Frauentopf', mit dem Ziel, die Förderung zu steigern und sich bei der Verteilung nicht gegeneinander ausspielen zu lassen.

→ *Wachteln unter Geiern* gesammelte Zeitungsartikel

Freitag, 11. September 1987

Frauenprojekte

Neuer Streit ums liebe Geld

Kassel (wet). „Das alte Lied!" stöhnen alle Beteiligten – wenngleich aus unterschiedlichen Blickwinkeln: Wieder einmal haben die Autonomen (Frauenhaus, Frauen informieren Frauen (FIF), Archiv der deutschen Frauenbewegung, Aradia, Notruf für vergewaltigte Frauen, Frauenforum) höhere Zuschüsse beantragt, als die Stadt gewähren kann; zumal der Frauen-Topf der Beihilfeliste, der keineswegs nur für autonome Gruppen gedacht ist, von 200 000 auf 190 000 Mark schrumpfen wird.

Schlag ins Gesicht

1,[illegible]illionen lautet die Forderung der sechs Projekte für 1988, eine Million – darunter Investitionsmittel, die das Land nicht gewährt – will allein das Frauenhaus haben, bisher mit 100 000 Mark pro Jahr beschieden. Da allerdings will die Stadt nicht einmal im Antragsverfahren mitspielen: Das Frauenhaus möge seinen Finanzierungsplan und den Antrag ändern. d... Unterschied zwisch... ben und Fi... Für die... Teil un... ein Schl...

Sie ha... macht, d... rung nicl... zoil schon... winzig de... ist". Vers... ein Verein ... realistische ... lich hinten u... chen, sähe e... ziere die Stad... ständig.

St... ätin St... ständnis für die... en, wenngleich ... kann. Es sei u... gerade das Frau... lich um Zuschüss... se. Nur: Im Rahm... ren städtischen H... da nichts, gefordert... gelfinanzierung des...

Kommission als Lo...

Weniger Verständ... allerdings für die Vor... Frauen, die „Kommis... gesellschaftlichen G... lung der Frau" sei kein... für Frauenprojekte, ... entscheide nur noch, b... chem Projekt man zuerst ... kann – anstatt für eine A... tung des Topfes zu sorgen ... gesichts der Tatsache, daß ... gistrat und Stadtverordne... versammlung – und damit ... nehmlich Männer – sich an ... Empfehlungen der Kommissi... hielten, sei sie sehr wohl ei... Lobby.

Über deren Effektivität i... Geldfragen läßt sich nach Meinung Barbara Stolterfohts allerdings in der Tat philosophieren, denn finanziellen Spielraum hat sie nicht, ist eher gedacht als Diskussionsforum in Sachen Frauenpolitik. Erst ein einziges Mal sei der Magistrat einer Empfehlung nicht gefolgt, die habe nämlich Geld gekostet ...

Frauen gegen Sparkonzept: Phantasievol...

Mit einer aufsehenerregenden ... Aktion trugen am Samstagmorgen die Kasseler Frauenprojekte ... skizziert und die „Politik von Männern für Männer" an den Pranger gestellt. Angela Schle... (vorn) trug den „Protest-...

Informations-Wochen

Frauenprojekte gegen Zukunft ohne Perspektive

1987

...ssel (sgr). Jedes Jahr im ... dasselbe Erlebnis: „Es ... die Gelder. Jede Kür- ... die Existenzfrage". ... ...ome Frauenpro- ... mit dieser per- ... ...llt nicht ab- ... ...weier Wo- ... Situati- ... ...it Fil- ...en

...ren. Und natürlich auch mehr über die inhaltliche Arbeit. Den Auftakt bildet „Vergessen kann ich das nie", ein Film über Vergewaltigung, Montag, 19. Oktober, 20 Uhr im Frauenzentrum. Am Dienstag, 20. Oktober, liest Marlene Stenten um 20 Uhr ... Café Vis a vis aus ihren ... graphischen ... „Albina, ... Weggen... M... Lie...

1988

...els Frauenprojekte stehen im Regen ...

...nicht nur gestern ...ch in finanzieller ... dieses Bild auf ...kte anwenden. ...nen machten ... Rathaus auf ...ufmerksam; ...llnung, daß ...ele den ...n würden ...tung des ...o über ...eraten

spiel, das sie Passantinnen und Passanten auf dem Rathausvorplatz gestern anboten: Nachdem Sozialdezernentin Stolterfoht bei einer Podiumsdiskussion gesagt habe, Reste des Sozialhilfeetats 1988 könnten ja den Frauenprojekten zugute kommen, dürfe nun gewettet werden, ob dies mit den tatsächlich vorhandenen Restmitteln auch geschieht. Daß der erste Preis ein Sack mit leeren Versprechungen ist, spricht allerdings Bände. Mit den 275 000 Mark, die die Projekte sich bisher teilen mußten, wollen sie sich je-

denfalls nicht wieder zufried... geben. Gebraucht wird ... Frauenhaus, Verein Frauen i... formieren Frauen (FIF), Notru... für vergewaltigte Frauen, Frau... enforum, Verein Aradia und Ar... chiv der deutschen Frauenbe... wegung das Fünffache. Stattdessen jedoch habe die Stadt 480 000 Mark für die Standortverbesserung der Abfallcontainer ausgegeben, „frei nach dem Motto ‚Jeder Mülltonne ihren eigenen Vorgarten'", wie die Frauen auf ihren „Wettscheinen" spöttisch formulieren.

wet / Foto: Lantelmé)

Die rote Karte für das Team im Kasseler Rathaus

...ein, an phantasievollen Ideen mangelt es den autonomen Frauen in Kassel wirklich nicht, wenn es darum geht, auf ihre Finanznöte aufmerksam zu machen! Zum Beispiel gestern auf der Rathaustreppe, wo sie sich diesmal als kickendes Team eingefunden hatten, um den Damen und Herren im Magistrat einen eindeutigen Platzverweis zu erteilen. Die Kickerinnen-Rolle kam nicht von ungefähr: Hat doch der mit der Roten Karte bedachte Kämmerer für einen einzigen Fußballplatz, den in Nordshausen, 1,8 Millionen eingeworfen, die die Nordshäuser in ein reines Abstaubertor verwandelt hätten. Die sechs automomen Gegner Zwietracht Frauenhaus, 1. F.C. Aradia, Concordia FIF, Dynamo Forum, Fortuna Notruf und Lokomotive Archiv dagegen habe er nur mit einem laschen Schuß von 276.000 Mark bedacht. Nichts gegen die weiblichen Aktiven im Verein beziehungsweise die weiblichen Fans auf den Nordshäuser Rängen – aber das ist nach Ansicht der Geschlechtsgenossinnen am gestrigen Austragungsort dann doch ein ganz eindeutiges Foul. Man schmük... ke sich zwar gern mit den L... stungen der Autonomen, di... und da wurde die Spielat... sphäre ganz ernst – Schutz bie... ten für mißhandelte Frauen, die... strukturelle Gewalt gegen Frau... en immer wieder thematisieren, ... Beratung, Weiterbildung und Kulturelles anbieten. An der Unterstützung ... von Bezah... Im wei...

1990

Die Aktion fällt wegen Personal- u. Geld-Mangel aus!

diesbezüglich im Dauereinsatz und zumindest zeitweise erfolgreich. In den Jahren 2005 bis 2010 lag der Drittmittelanteil immer weit über den für Landeszuschüsse vorgegebenen 25%: „Angesichts der begrenzten Arbeitskapazität der Mitarbeiterinnen ist dieses hervorragende Ergebnis bei der Drittmitteleinwerbung besonders hervorzuheben,"[15] hieß es dazu im Bericht der externen Evaluation 2012. Auch Archiv und Bibliothek sind keine Selbstläufer; ihre Absicherung erfordert gezielte Aktivitäten und die immerwährende Präsenz in Fachverbänden und -gremien.

Zur Lobbyarbeit gehören vor allem die Kontaktpflege und die zahllosen Gespräche mit Politiker:innen der demokratischen Parteien auf allen politischen Ebenen. Denn viel häufiger als es der Kontinuität guttut, wechseln Regierungen und damit Fördervorgaben und Verhandlungspartner:innen und alles beginnt von vorn. Für diesen Akquirierungsmarathon, der gegen Mitte der 2000er-Jahre notwendigerweise in Richtung Bundesebene ausgeweitet wurde, braucht es ein nervenstarkes, einsatzfreudiges Team mit hoher Frustrationstoleranz.

15 Externe Evaluation der Stiftung Archiv der deutschen Frauenbewegung für den Zeitraum 1. Januar 2005 bis 31. Dezember 2010, durchgeführt von Dr.in Susanne Asche, Kulturamt der Stadt Karlsruhe, Prof. Dr.in Carola Sachse, Institut für Zeitgeschichte der Universität Wien, Prof. Dr. Dr. Rainer Hering, Landesarchiv Schleswig-Holstein/Universität Hamburg (Koordination), Kassel, April 2012, S. 10 (Ms.).

WER MACHT SOWAS? DIE MITARBEITERINNEN

Die Gründungscrew von 1984 wurde schon erwähnt, aber natürlich haben viel mehr Frauen das AddF über die Jahrzehnte geprägt; das waren sowohl •*Ehrenamtliche*, die sich neben ihrer Erwerbsarbeit engagierten, als auch Frauen, die ihre Begeisterung zum Beruf machten. Einige blieben nur wenige Jahre, insgesamt ist aber eine große Kontinuität zu konstatieren. Offensichtlich handelt es sich bei diesen Mitarbeiterinnen des AddF um Überzeugungstäterinnen. Wer sich auf ein solches Abenteuer nicht nur als politisches Projekt, sondern auch als persönliche Berufs- und Lebensplanung einlässt, tut das wohl kaum, um Karriere zu machen.

Das AddF war nie eine One-Woman-Show, sondern immer ein Gemeinschaftsprojekt. Das wird auch daran deutlich, wie mit Kürzungen und Mangelsituationen umgegangen wurde. Über viele Jahre

↓ Rücknahme der für die Austellung Damenwahl zur Verfügung gestellten Quellen, 2019

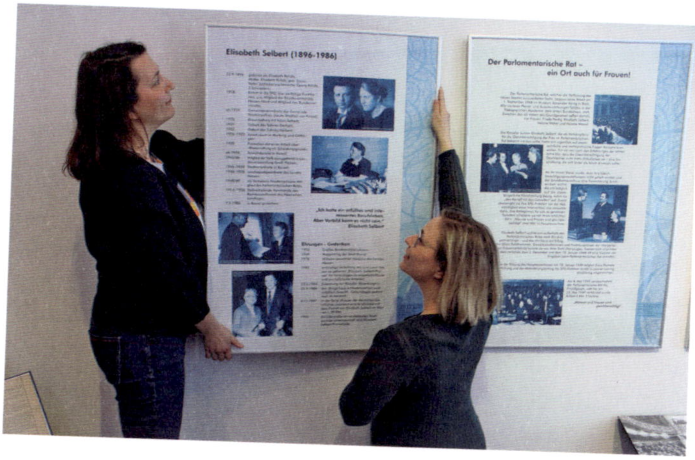

← Hängung der Ausstellung über Elisabeth Selbert im Foyer, 2021

wurde die unzureichende Finanzierung der Stellen mit einer Selbstverpflichtung zur Aufstockung der Stunden kompensiert. In den 2000er-Jahren sah dieses Modell etwa so aus: 25 Wochenstunden wurden bezahlt, aber regelmäßig und verbindlich wurden 35 Stunden gearbeitet. Das ist gleichermaßen als Akt der Selbstausbeutung wie der Solidarität und des politischen Einsatzes zu sehen.

Aus der Gruppe der Anfangsjahre hat sich seit Ende der 1990er-Jahre eine Vierer-, zeitweise auch eine Fünfer-Kerngruppe, herauskristallisiert. Auch wenn die ersten festen Stellen zunächst bescheiden eingestufte Teilzeitstellen waren, so war das doch etwas Solideres als der bis dahin übliche prekäre Wechsel zwischen befristeten Projekten und Phasen der Arbeitslosigkeit. Die Frauen, die mit diesen Stellen dem AddF die zentrale Rolle im eigenen Berufsweg gegeben hatten, holten Fachausbildungen und Qualifizierungen nach und bildeten im Laufe der Zeit, bedingt durch ihre Professionalisierung und die finanzielle Stabilisierung, das Leitungsteam.

Einen Einschnitt auf anderer Ebene brachte die Änderung der Organisationsform vom Verein zur Stiftung. Der Vereinsvorstand war im Alltagsleben des AddF enger eingebunden, der seit 2003 tätige Stiftungsvorstand ist stärker in institutionelle und planerische Prozesse einbezogen; die vertrauensvolle Zusammenarbeit zwischen Vorstand und Leitungsteam hat indes als Grundvoraussetzung durchgängig Bestand.

Und schließlich brachte auch die Expansion des AddF im Laufe der Zeit eine Veränderung in den Arbeitsprozessen mit sich. So besteht es heute organisatorisch

↓ Aktensäuberung im Freien

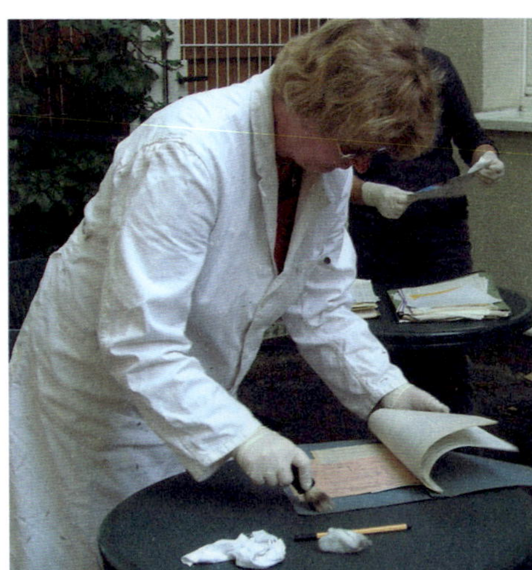

aus einem Leitungsteam, festen und befristeten Mitarbeiterinnen und den Ehrenamtlichen. Nach wie vor werden in den internen Arbeitsprozessen flache Hierarchien angestrebt, es gibt aber auch klar definierte Kompetenzbereiche und Entscheidungsbefugnisse.

Bleibt die Frage, woher die nächste Generation kommt. Wie in vielen Einrichtungen, die aus Bewegungen heraus entstanden sind, funktioniert die Gewinnung neuer Mitarbeiterinnen auch im AddF oft über die thematische Identifikation. Den Schwung und die Euphorie der längst vergangenen Aufbruchsjahre im professionellen feministischen Alltag in etwas Neues zu transformieren, ist für alle Beteiligten eine Herausforderung. Die generationelle Weitergabe von Wissen und Können war bereits für die organisierte Frauenbewegung seit den 1860er-Jahren ein regelmäßig wiederkehrendes Thema und bleibt es auch für deren Archive in der Gegenwart.

HOMEBASE KASSEL

Vom 8. bis 15. März 2006 war im historischen Südflügel des Kasseler Kulturbahnhofs etwas Ungewöhnliches und bisher nicht Dagewesenes zu sehen: 26 Künstlerinnen aus Kassel und Umgebung stellten Werke der Genres Malerei, Fotografie, Skulptur, Installation und Video aus. Die Initiative zu dieser gemeinsam konzipierten Ausstellung war vom AddF ausgegangen und es gab einen Anlass dafür: Das AddF war als einer von 365 Orten im •*Land der Ideen* ausgewählt worden; einer Initiative, die 2006 anlässlich der Fußball-Weltmeisterschaft von der Bundesregierung und der deutschen Wirtschaft, vertreten durch den Bundesverband der Deutschen Industrie, ins Leben gerufen wurde. An jedem Tag des Jahres konnte sich ein Ort in Deutschland präsentieren – das AddF natürlich am Internationalen Frauentag. Mit der Annahme dieser Auszeichnung hat das AddF es sich damals nicht leicht gemacht. Denn am Land der Ideen war die Deutsche Bank, quasi die Inkarnation des kapitalistisch-patriarchalen Finanzsystems an sich, als Sponsor beteiligt. Das ging eigentlich gar nicht. Nach langwierigen Abwägungen und nachdem sich der Vertreter der Bank bereit erklärt hatte, auf sein übliches Grußwort zu verzichten, nutzte das AddF dann doch die Chance und entschied sich, mit

↓ Blick über die Kasseler Südstadt - Fahrradtour auf den Spuren von Sophie Henschel

diesem pressewirksamen Ereignis örtlichen Künstlerinnen ein Forum zu bieten, um der Unterrepräsentation von Frauen im Kunstbetrieb etwas entgegenzusetzen. Das AddF hatte sich diesbezüglich schon länger engagiert. Seit dem Umzug in die Gottschalkstrasse 1996 wird alljährlich eine Neujahrsgrußkarte verschickt, die ein Werk einer regionalen Künstlerin abbildet.

↓ Aktion zur Umbenennung von Straßennamen nach Frauen

Ganz nebenbei war diese Aktion auch ein Bekenntnis zum Standort Kassel. Das AddF ist mit zahlreichen Aktivitäten über die Jahre zum festen Faktor im Kasseler Kulturleben geworden und eng mit der Stadtgesellschaft verknüpft. Die aktive Mitgestaltung des Kasseler Frauenbündnisses, die gemeinsamen Kämpfe um Zuschüsse und die Stadtrundgänge zur Frauengeschichte wurden bereits erwähnt. Immer wieder mischte sich das AddF bei der Benennung von Straßen und Plätzen ein, um dort den Frauenanteil zu erhöhen und zu Unrecht fast vergessene Frauen aus der Kasseler Geschichte ‚auf die Straße' zu bringen, darunter die Sopranistin Elisabeth Mara (1749–1833), die jüdische Krankenschwester Sara Nussbaum (1868–1956) oder die Pädagogin Julie von Kästner (1852–1937), um nur einige wenige Beispiele zu nennen.[16] Zahlreiche Veranstaltungen wie Vorträge, Lesungen und Diskussionen wurden in Kooperationen organisiert, unter anderem mit dem Evangelischen Forum, der Volkshochschule, der Gesellschaft für christlich-jüdische Zusammenarbeit, dem Filmladen und dem Staatstheater. Forschungskooperationen gab es mit der Universität Kassel und der Gedenkstätte Breitenau.

Die Wertschätzung der Stadt äußert sich in dem seit vielen Jahren verlässlichen finanziellen Zuschuss. Sie zeigt sich auch in Ehrungen wie der Verleihung des *Kulturförderpreises* 1991 und der *Goldenen Ehrennadel* an Gilla Dölle als prägender Mitgestalterin des AddF im Jahr 2007. Aber das AddF ist ja eine Institution für die

16 Mehr dazu in: Wolfgang Matthäus / Mareike Görtz (Hrsg.): Wege von Frauen. Kasseler Straßennamen, Geschichte und Geschichtspolitik, Kassel 2006.

→ Bild nächste Seite: Professorin Jutta Limbach hält auf Einladung des AddF einen Vortrag über Gleichheit im Verfassungsrecht im Amtsgericht Kassel, 2006

Geschichte der Frauenbewegung in ganz Deutschland. Mitte der 2000er-Jahre kam der entschiedene Aufbruch von Kassel nach Berlin: es braucht Bundesförderung!

NEUE HORIZONTE: DIE BUNDESEBENE

Am 24. Januar 2005 besuchte die damalige Bundesfrauenministerin Renate Schmidt (SPD) das AddF, was weitreichende Folgen hatte. Von Beginn an hatte das AddF klargemacht, dass es keine örtliche oder Landesangelegenheit ist, sondern bundesweite Ausrichtung und Ausstrahlung hat. Die Stadt Kassel und vor allem das Land Hessen trugen aber die Hauptlast der Finanzierung. Das galt es zu ändern. Der Weg dahin war lang und beschwerlich und sein Ende ist bis heute nicht erreicht. Aber der Besuch von Renate Schmidt war eine erste wichtige Etappe. Denn auch wenn vom Thema her die Bundesbeauftragte für Kultur und Medien (BKM)[17] zuständig gewesen wäre, so schien der vielversprechendere Zugang über das •*Bundesministerium für Familie, Senioren, Frauen und Jugend* (BMFSFJ) zu führen.

Tatsächlich gelang mit dem Einstieg in die Förderung mehrjähriger Projekte durch das BMFSFJ ein erster Schritt. Die dringend benötigte dauerhafte institutionelle Förderung der Arbeit blieb aber ein Traum, der weiterverfolgt werden musste (und leider immer noch muss!). 2007 ging es mit einem Round Table Gespräch mit der Frauengruppe der CDU/CSU weiter, denn inzwischen hatte es einen Regierungswechsel gegeben: Nach der rot-grünen regierte eine schwarz-gelbe Koalition. Nach diesem Gespräch initiierte das AddF Anfang 2008 ein gemeinsames Konzept mit dem Frauenforschungs-, -bildungs-, und -informationszentrum (heute: •*Das feministische Archiv FFBIZ*), dem •*Spinnboden Lesbenarchiv* und dem • *i.d.a.-Dachverband*, mit dem die Finanzierung dieser drei Archive und des Dachverbandes angestrebt wurde. Während das noch in der Schwebe war und drei Ministerien (BKM, BMFSFJ und das Bundesministerium für Bildung und Forschung, BMBF) sich gegenseitig die Zuständigkeit zuschoben, wurde es Anfang des Jahres 2012 plötzlich dynamisch.

Kristina Schröder (CDU), inzwischen Bundesfrauenministerin, gewährte dem Kölner •*FrauenMediaTurm* einen mehrjährigen Zuschuss, um „bedeutende Zeugnisse dieser bedeutenden Bewegung“[18] zu erhalten. Damit hatte das BMFSFJ öffentlich die Zuständigkeit für die Förderung der

17 Das war 2005 in der rot-grünen Koalition die parteilose Christina Weiss.

18 Presseerklärung des BMFSFJ vom 21.02.2012.

Frauenbewegungsgeschichte übernommen und eine Steilvorlage geboten. Das AddF reagierte sofort und ging mit einem Offenen Brief an die Presse, in dem klargestellt wurde, dass die Überlieferung der Frauen(bewegungs)geschichte nicht von einem, sondern von vielen Archiven geleistet wird und deshalb auch breiter gefördert werden muss: „Die jetzt begonnene Förderpolitik muss konsequent auf die relevanten Archive ausgedehnt und verstetigt werden (...) damit aus dem ersten Schritt des BMFSFJ ein Lauf für die Frauenbewegung wird!"[19], hieß es dort. Auf Initiative des AddF publizierte auch der i.d.a.-Dachverband einen entsprechenden Offenen Brief. So war zum ersten Mal eine Tür offen und es kam tatsächlich zu ernsthaften Gesprächen, in deren Folge das AddF, der •*i.d.a.-Dachverband* und der FrauenMediaTurm Projektförderungen für drei Jahre erhielten.

Weitere Gespräche zogen sich hin und schon stand, im Herbst 2013, die nächste Bundestagswahl an, ihr folgte ein erneuter Regierungswechsel. Es kam zur GroKo, zur Großen Koalition von CDU und SPD, und der Punkt •*Geschichte und Bewahrung der Frauenbewegung* schaffte es durch das gemeinsame Wirken und vielseitige Lobbyarbeit in den Koalitionsvertrag: „Wir wollen die wissenschaftliche Aufarbeitung der Deutschen Frauenbewegung, unter besonderer Beachtung der Frauenbewegung in der DDR und der Umbruchzeit 1989/90 vorantreiben, indem wir die existierenden Materialien unter Einbeziehung der Frauenarchive in einem ‚Digitalen Deutschen Frauenarchiv' sichern und der Öffentlichkeit zugänglich machen."[20]

Damit war für die institutionelle Bundesförderung der im i.d.a.-Dachverband zusammengeschlossenen Lesben-/Frauenarchive – und damit auch für das AddF – eine wichtige Grundlage geschaffen worden, die aber in eine gänzlich neue Richtung führte: vom Analogen ins Digitale.

19 Pressemitteilung des AddF vom 23.02.2012.

20 Deutschlands Zukunft gestalten. Koalitionsvertrag zwischen CDU, CSU und SPD, 18. Legislaturperiode, S. 103.

EXPANSION

2014

– 2023

AUFGABE DER ANALYTISCHEN MASCHINE IST, FÜR UNS DAS VERFÜGBAR ZU MACHEN, WAS WIR BEREITS KENNEN

Es begann die Dekade der Digitalisierung und auch der noch engeren organisatorischen Kooperation mit dem i.d.a.-Dachverband. Denn Digitalisierung in großem Umfang funktioniert in der Struktur der Bewegungsarchive nur als gemeinschaftlicher Kraftakt, eine einzelne Einrichtung kann derartige Herausforderungen kaum bewältigen. Dabei war der erste Schritt nicht die Digitalisierung der Unterlagen, sondern der digitale Zugriff, sprich Datenbanken, die zeigen, was es gibt und wo es liegt.

DIE DIGITALE RECHERCHE

Die Frage, wie Nutzer:innen in Erfahrung bringen können, was sie im AddF finden können, hatte sich von Anfang an gestellt. In den ersten Ariadneheften Mitte der 1980er-Jahre gab es einen farbigen Mittelteil, in dem die neu erworbenen Bücher der Bibliothek aufgelistet wurden. Daraus konnten sich die Leser:innen bei Bedarf sukzessive ihren eigenen Bestandskatalog basteln. Das war schön bunt, wurde aber schnell unübersichtlich. Als Anfang der 1990er-Jahre die Karteikästen von PC-Programmen abgelöst wurden, war vor Ort die Recherche am Computer möglich; ab 2002 stand die Onlinedatenbank im Netz. Zusammen mit dem i.d.a.-Dachverband ging es zehn Jahre später in Richtung eines gemeinsamen Katalogs für alle Lesben-/Frauen-archive, -bibliotheken und -dokumentationsstellen, der mit einem einzigen Suchvorgang Zugang zu den Bestands-daten aller Einrichtungen bietet. Die Konzipierung dieses Kataloges begann 2013 mit einem vom BMFSFJ geförderten Projekt des i.d.a.-Dachverbandes. Drei Jahre später ging

21 META-Katalog-Website https://kurzelinks.de/arvc Zugriff 22.02.2024.

der •*META-Katalog*[21] online und ermöglicht seither die Recherche in derzeit 39 deutschsprachigen Lesben-/Frauenarchiven, -bibliotheken und -dokumentationsstellen. Inzwischen ist der gesamte Onlinekatalog des AddF in META integriert und auch knapp viereinhalbtausend Digitalisate, die damit zugleich in der *Deutschen Digitalen Bibliothek* und im *Archivportal D* nachgewiesen werden. Und es geht munter weiter: Durch eine dauerhafte Projektförderung kann das AddF weitere Bestände aus dem Archiv und der Bibliothek erschließen, in Teilen digitalisieren und an den META-Katalog liefern. Damit ist es möglich, systematisch Einblicke in die Nachlässe und Aktenbestände zu geben, eine Auswahl des vorhandenen Archivguts und den dazugehörigen Fotobestand online vorzustellen und die virtuosen frühen Jahrzehnte der Frauenbewegung in die virtuelle Welt zu transformieren.

→ Bild: Der Meta-Katalog geht online, 2015

→ Zitat rechts: Sinngemäße Übersetzung von Ada Lovelace: Note G, p. 722: "The Analytical Engine has no pretensions whatever to originate any thing. It can do whatever we know how to order it to perform. It can follow analysis; but it has no power of anticipating any analytical relations or truths. Its province is to assist us in making available what we are already acquainted with." Zitiert nach: Projekt-Website des Agnes Scott College, Atlanta https://kurzelinks.de/btr1 Zugriff 03.10.2023.

DAS DIGITALE ARCHIV

Gestützt durch die oben zitierte Aussage im Koalitionsvertrag intensivierte das BMFSFJ seine Förderung, mit dem META-Katalog als Nukleus wurde ein Frauenbewegungsportal in Angriff genommen. Das hatte positive Auswirkungen für den i.d.a.-Dachverband und auch für das AddF.

Es war kein Zufall, dass es dabei um ein •*Digitales Deutsches Frauenarchiv* (DDF) gehen sollte. Der Portalgedanke lag längst für alle Archive und Bibliotheken in der Luft. Die an der *Deutschen Nationalbibliothek* angesiedelte Deutsche Digitale Bibliothek war bereits gestartet und es

„Aufgabe der Analytischen Maschine ist, für uns das verfügbar zu machen, was wir bereits kennen"

Ada Lovelace

begann die Planungsphase für das Archivportal D, mit dem der zentrale Zugriff auf Digitalisate aus Archiven möglich werden sollte. Parallel entstanden allerorten Fachportale; in dieser Gemengelage bewegten sich nun auch die Lesben-/Frauenarchive, -bibliotheken und -dokumentationsstellen.

Mit dem DDF entwickelte der i.d.a.-Dachverband unter Einbeziehung der Expertise seiner Einrichtungen seit 2016 ein Fachportal zur Geschichte der deutschsprachigen Frauen- und Lesbenbewegung. Am 13. September 2018 war es soweit, in einem Festakt im Senatssaal der Humboldt-Universität in Berlin wurde die Freischaltung gefeiert. Seitdem werden nicht nur – fortlaufend erweitert – ausgewählte digitale Quellen aus dem integrierten META-Katalog angeboten, sondern auch mit Essays und Dossiers Akteurinnen und Themen der Frauen- und Lesbenbewegung präsentiert. In einem Blog werden aktuelle Themen aufgegriffen und historisch verknüpft. Seit 2020 bekommt der i.d.a.-Dachverband für das DDF und den META-Katalog vom BMFSFJ eine institutionelle, also dauerhafte Förderung; dazu gehört auch ein Etat für Erschließungs- und Digitalisierungsprojekte der Mitgliedseinrichtungen. Das AddF arbeitet in verschiedenen Gremien und Arbeitsgruppen des DDF mit, beteiligt sich aktiv an dessen Weiterentwicklung und bereichert das Portal mit digitalen Quellen und wissenschaftlichen Essays.

↓ Festakt zum Onlinegang des Digitalen Deutschen Frauenarchivs am 13. September 2018

CHANCEN UND GRENZEN FÜR DAS ADDF

Mit META und DDF haben die Lesben-/Frauenarchive mit ihren Beständen den Sprung ins 21. Jahrhundert geschafft. Die META-Datenbank ermöglicht umfassende Recherchen und enthält immer mehr Digitalisate, das DDF-Portal bietet vielfältig aufbereitete Informationen. Auf der DDF-Website ist zu lesen: „Hinter dem DDF stehen die Archive, Bibliotheken und Dokumentationsstellen des i.d.a.-Dachverbandes. Sie sind zentrale Anlaufstellen zur Erforschung der Frauen- und Lesbenbewegungen im deutschsprachigen Raum. Regionale Sammelschwerpunkte der einzelnen i.d.a.-Einrichtungen ermöglichen es, sowohl allgemeine Entwicklungen als auch lokale Besonderheiten und damit die Vielfalt der Frauenbewegungen darzustellen."[22] Gerade die hier zu Recht betonte unverzichtbare Bedeutung der i.d.a.-Einrichtungen als Basis des DDF macht aber auch ein Manko sichtbar, das mehr als ein Schönheitsfehler ist: Der Sprung ins Digitale erfolgte für die beteiligten Einrichtungen nicht von sicherem Boden aus, sondern eher von schwankendem Grund. Denn die Lesben-/Frauenarchive, -bibliotheken und -dokumentationsstellen, die die Digitalisate ihrer Bestände zur Verfügung stellen, sind in der Regel selbst nach wie vor nicht dauerhaft und zuverlässig finanziert. Wir erleben die aus archivarischer Sicht höchst bedenkliche Situation, dass digitale Kopien der Bestände gesichert werden, die Originale aber nicht, ebensowenig wie die Einrichtungen, in denen die Expertise der Mitarbeiter:innen und die Sicherung und Erschließung der Originale die digitale Bereitstellung der Quellen erst ermöglicht. Auch für das AddF ist jenseits einer festen Projektförderung noch keine institutionelle Bundesförderung geglückt, es muss weiterhin auf das Land Hessen als hauptsächliche Stütze vertrauen – kann das aber glücklicherweise bisher auch.

22 https://www.digitales-deutsches-frauenarchiv.de/ueber-uns (Zugriff am 30.11.2023).

JAHRHUNDERTEREIGNIS FRAUENWAHLRECHT

1876 hatte Hedwig Dohm an die Frauen appelliert: „Lasset das Stimmrecht fortan Euer Steuer sein, Eure eigene Kraft sei Euer Segel (...) und über kurz oder lang werdet Ihr Land erblicken (...) das Land, wo Frauen nicht den Männern, sondern sich selber angehören."[23] Es dauerte dann doch noch sehr lange, bis Land in Sicht kam. Im November 1918 verkündete der Rat der Volksbeauftragten das gleiche, geheime, direkte und allgemeine Wahlrecht für alle mindestens 20 Jahre alten männlichen und weiblichen Personen. Nach jahrzehntelangen Kämpfen hatte die Frauenbewegung eines ihrer wichtigsten Ziele erreicht: im Januar 1919 konnten die Frauen ihr Recht bei der Wahl zur Nationalversammlung zum ersten Mal ausüben.

23 Hedwig Dohm: Der Frauen Natur und Recht, Berlin 1876, 1986, S. 185.

Die hundertste Wiederkehr dieses denkwürdigen Ereignisses war für das AddF ein wichtiges Datum; die Jahre 2018 und 2019 standen fast komplett im Zeichen des

→ Bild nächste Seite: Studierendenausstellung im Lesesaal, 2017

Frauenwahlrechts. Ein vom Hessischen Ministerium für Wissenschaft und Kunst gefördertes Forschungsprojekt hatte passgenaue Vorarbeiten ermöglicht. Dennoch stellte das Jubiläum das AddF vor immense Herausforderungen, etablierte es aber auch noch einmal deutlich mehr als zentrale Adresse für die Frauenbewegungsgeschichte in Deutschland. Alle Mitarbeiterinnen waren auf diese Situation gut vorbereitet, aber es hatte sich wohl keine in ihren kühnsten Träumen vorstellen können, welche Ausmaße die Sache schließlich annehmen würde. Zum Alltagsgeschäft gehörte, dass die Ariadne im Juni 2018 in einer Doppelnummer erschien: *Die weibliche(n) Geschichte(n) der Weimarer Republik*.[24] Darin wurden neben dem Frauenwahlrecht auch die Partizipation der Frauen am revolutionären Umbruch und der politische und gesellschaftliche Aufbruch in den 1920er-Jahren behandelt.

↓ Die Neujahrskarte zum Jahreswechsel 2018/19, gestaltet von Silke Mehrwald

In der Forschungsabteilung wurden pünktlich zum Jubiläum zwei Bücher vorgelegt: Das Sachbuch *Unsere Stimme zählt* und der wissenschaftliche Sammelband *Frauenwahlrecht*.[25]

Die Mitarbeiterinnen des AddF übernahmen fachliche Begleitungen bei Hörfunk- und Fernsehproduktionen. Vor allem aber wurden in beiden Jahren unzählige Vorträge in ganz Deutschland gehalten. Es waren so viele, dass das AddF nicht alle selbst übernehmen konnte. Im Laufe der Zeit bildete sich ein kleines Unterstützerinnennetz von Forscherinnen, die regional einsprangen und Vorträge übernahmen. Da es im AddF aktive Ruderinnen gibt, zählten sie am Ende des Jubiläumsmarathons die Reisestrecken aller Referentinnen zusammen und stellten fest, dass sie nur knapp unter einer sportlichen Hürde des Wanderruderns lagen: da hätte es für 40.077 km den Äquatorpreis gegeben![26]

24 Ariadne – Forum für Frauen- und Geschlechtergeschichte, Heft 73/74: Die weibliche(n) Geschichte(n) der Weimarer Republik, Kassel 2018.

25 Kerstin Wolff: Unsere Stimme zählt! Die Geschichte des deutschen Wahlrechts, Überlingen 2018. Hedwig Richter / Kerstin Wolff (Hg.): Frauenwahlrecht. Demokratisierung der Demokratie in Deutschland und Europa, Hamburg 2018.

Neben dieser exzessiven Reisetätigkeit war das AddF Kooperationspartnerin und gleichzeitig größte Leihgeberin der zentralen Ausstellung, die es in Deutschland zum Thema gab: *Damenwahl! 100 Jahre Frauenwahlrecht* im *Historischen Museum Frankfurt*. Die Ausstellung brachte es dort zu einem Besucher:innenrekord und wurde verlängert. Spätestens hier wurde unübersehbar, welchen Umfang die Sammlungen des AddF inzwischen erreicht und welche Bedeutung seine Forschungs- und Vermittlungsaktivitäten bundesweit erlangt haben.

26 Deutscher Ruderverband-Website https://kurzelinks.de/q9wv Zugriff 17.12.2023.

← Cover der Bücher zum Frauenwahlrecht

So war die Verankerung des Frauenwahlrechts in der Verfassung nicht nur ein Meilenstein für die historische Frauenbewegung, sondern 100 Jahre später für das AddF ein Meilenstein in der öffentlichen Wahrnehmung und in der fachlichen Anerkennung.

BÜHNE FREI FÜR SOCIAL MEDIA

Hartnäckige mehrjährige Lobbyarbeit und zahlreiche positive Evaluationsberichte führten ab 2020 zu einer bemerkenswerten Aufstockung des institutionellen Förderbetrages durch das Hessische Ministerium für Wissenschaft und Kunst. In den Arbeitsbereichen Forschung und Vermittlung konnten endlich zwei langersehnte Teilzeit-Stellen eingerichtet werden, so dass beide Bereiche nun mit jeweils zwei Mitarbeiterinnen besetzt sind. Hinsichtlich der fachlichen Netzwerkarbeit und der öffentlichen Präsenz der Arbeitsergebnisse können so gänzlich neue Akzente gesetzt werden.

Die Vermittlungs- und Öffentlichkeitsarbeit wurde stark ausgebaut. Denn auch wenn Archive, Forschungsinstitute und Dokumentationszentren oft stille Orte sind, so sollte doch bekannt sein, was dort gesammelt, geforscht und veranstaltet wird. Das war im AddF aufgrund der knappen Gelder jahrzehntelang ein Bereich, der zwar mitlief, aber nie kontinuierlich ausgebaut werden konnte. Natürlich wurden trotzdem in den Anfangsjahren die zahlreichen kulturellen Highlights beworben. Davon zeugt zum Beispiel ein Ordner mit vielen bunten DIN-A4-Blättern: die Flugblätter, mit denen für Lesungen und Vorträge geworben wurde, anfangs handgemalt, später getippt und kopiert, noch später am PC layoutet und ausgedruckt. Pressemitteilungen wurden herausgegeben und 1997 ging die erste Website online.

Die Stellenaufstockung 2020 ermöglichte dann aber neben der Intensivierung der Öffentlichkeitsarbeit endlich die Entwicklung eines Kommunikationskonzeptes, das auch den Start in Social Media umfasste. Seither lassen sich die Arbeitsergebnisse aus den Sammlungen, die Forschungserkenntnisse im Themenfeld der Frauen- und Geschlechtergeschichte und generell die Vermittlung von Geschichtswissen in Online-Formaten wie Postings, Blog- oder Dossierbeiträgen schneller und nachhaltiger einem größeren Leser:innenkreis zur Kenntnis bringen. Im Verbund mit anderen Institutionen und freien Geschichtsaccounts wird die Bühne für die Frauenbewegungsgeschichte stetig vergrößert.

↑ Social Media Beiträge seit 2020, oben das Titelbild zur Social Media Jahresserie 2023, gestaltet von Christina Soose

WER BRAUCHT SOWAS? DIE NUTZUNG

Diese Frage scheint angesichts des bereits Geschilderten fast irrelevant. Das AddF hat seinen Sinn und Zweck, die Unverzichtbarkeit seiner Bestände und seine Kompetenz hinlänglich unter Beweis gestellt. Dennoch ist ja nicht uninteressant zu wissen, von wem es genutzt wird, wer hier Quellen sucht und Schätze hebt. Da gibt es natürlich Ereignisse, die viel hermachen, etwa als für die Edition der Briefe von Golo Mann der Nachlass von Gabriele Strecker gesichtet wurde und sich darin tatsächlich ein Brief des Sprosses der berühmten Mann-Familie fand, der dann Eingang in die 2006 erschienene Edition fand.[27]

↓ Eintrag der Künstlerin Lala Rukh im Gästebuch des AddF, 2016

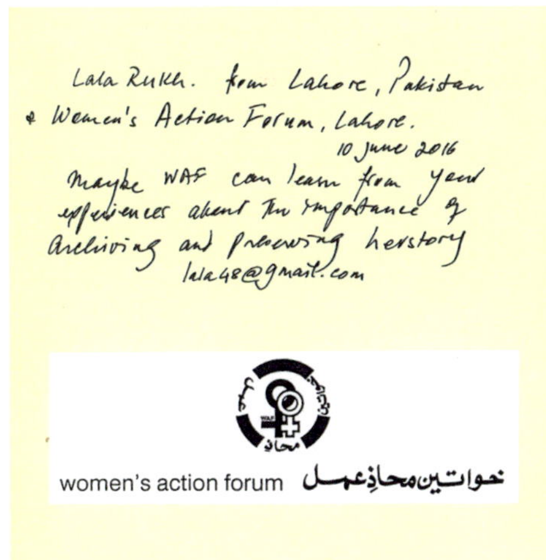

Für Ausstellungen werden regelmäßig Exponate ausgeliehen, wenn auch nicht in so spektakulärem Umfang wie beim oben beschriebenen Frauenwahlrechtsjubiläum. Doch das AddF ist längst zu einer festen Adresse für Kurator:innen geworden, wenn das Thema die Frauen- und Geschlechtergeschichte berührt.

Das AddF wird im Wesent lichen für Bildung und Wissenschaft genutzt, von Erstsemestern bis zur habilitierten Professor:in, und das nicht nur aus dem deutschsprachigen Raum, sondern auch international von Forscher:innen, die zum Beispiel in England, Japan oder den USA zu deutscher Geschichte forschen. Darüber hinaus ist es außeruniversitärer und außerschulischer Bildungs- und Vermittlungsort, in dem Studientage und Workshops für Studierende und Schüler:innen durchgeführt werden. Die Frauenorganisationen, die dem AddF ihre Unterlagen überlassen haben, fragen nach den Dokumenten der eigenen Geschichte, wenn ein Vereinsjubiläum ansteht. Und dann gibt es natürlich noch die vielen Nachfragen von Journalist:innen, die das AddF nicht nur zu Jubiläen und Gedenktagen nutzen.

Vieles läuft längst über E-Mail-Anfragen, der Wunsch nach Digitalisaten wird stetig größer. Dennoch bleibt der Lesesaal ein viel genutzter Ort, zum einen, weil nur ein Bruchteil der Bestände digital verfügbar ist, zum anderen aber auch, weil Originalen doch oft noch ein zusätzlicher Erkenntnis- und Erfahrungswert zugemessen wird.

27 Tilmann Lahme / Kathrin Lüssi (Hrsg.): Golo Mann. Briefe 1932–1992, Veröffentlichungen der Deutschen Akademie für Sprache und Dichtung Darmstadt Bd. 87, Göttingen 2006.

→ Bild nächste Seite: Eintrag des Bundespräsidenten ins Gästebuch

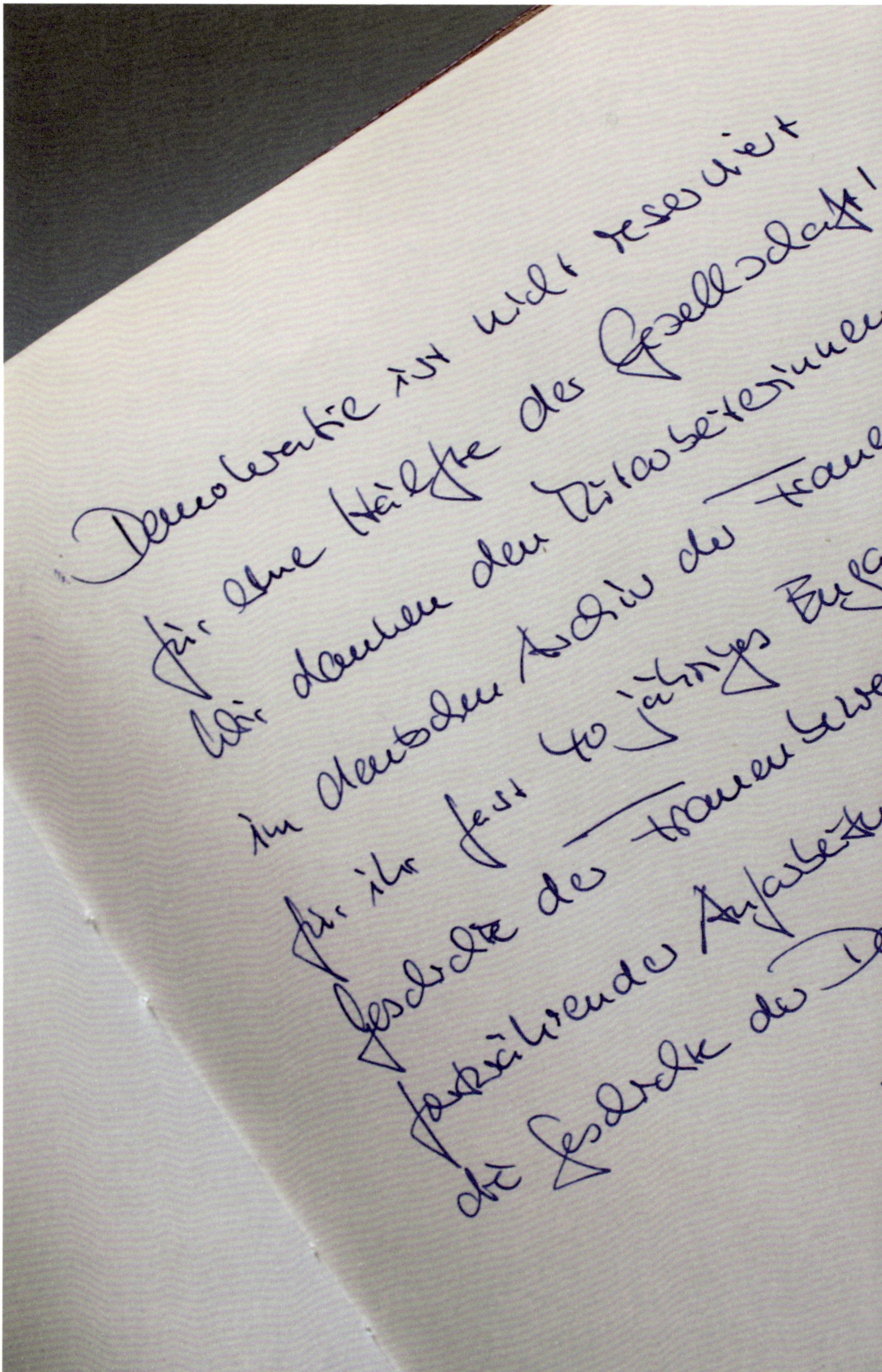
Demokratie ist nicht reserviert
für eine Hälfte der Gesellschaft!
Wir danken den Stifterinnen
im deutschen Archiv der Frauen
für ihr fast 40 jähriges Enga
Geschichte der Frauenbewe
fortführender Aufarbeitu
die Geschichte der De

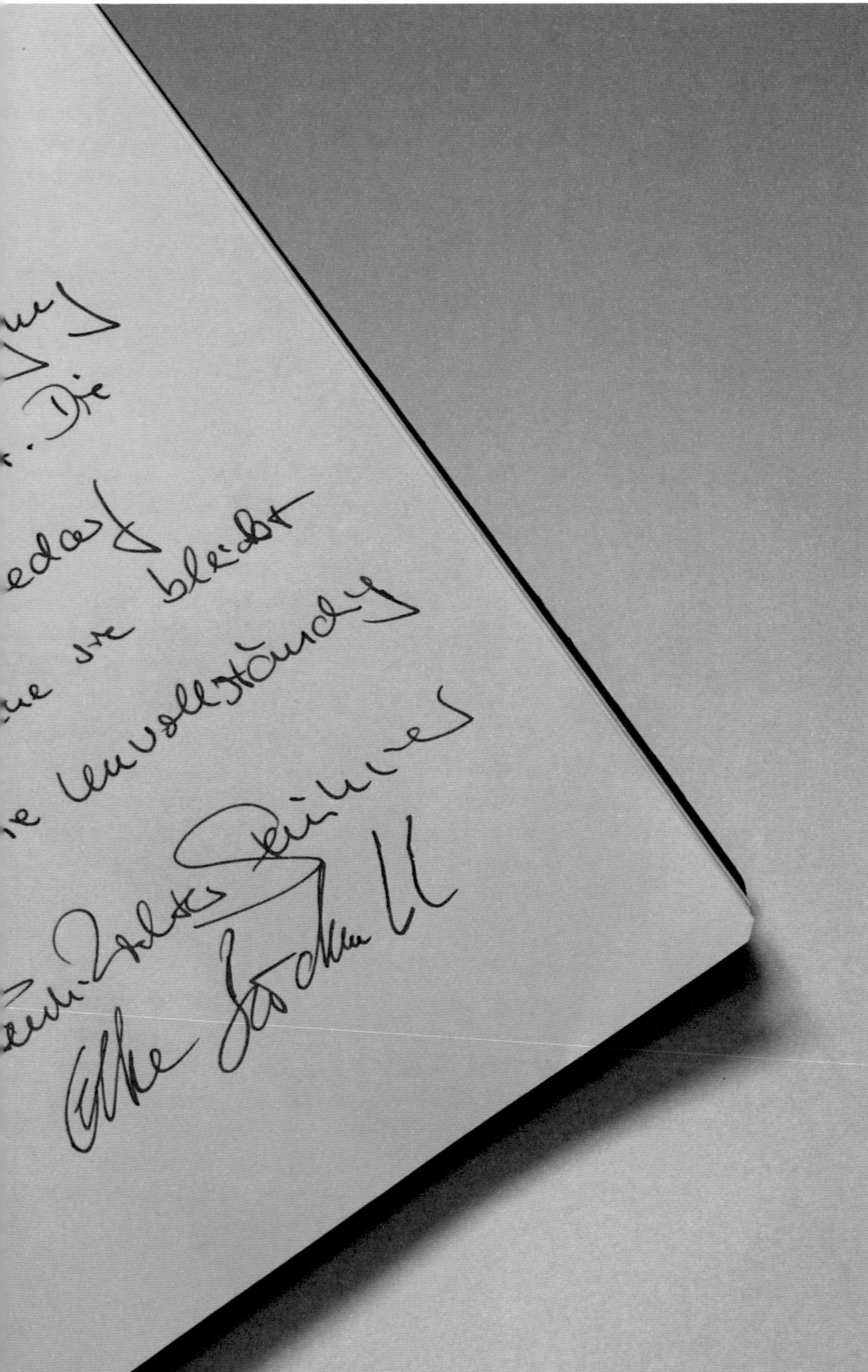

Das AddF birgt unendlich viele Informationen über Frauen, die die Emanzipationsbestrebungen der vergangenen Jahrhunderte geprägt haben. Von Journalist:innen wird gerne die Frage nach der wichtigsten, der bedeutendsten, der eindrucksvollsten dieser Frauen gestellt. Die gibt es natürlich nicht. So viele Zeiten, so viele Orte, so viele Kämpfe … – was soll da ein Ranking? Es braucht Viele, um eine Bewegung durch Höhen und Tiefen zu tragen.

Ungeachtet dessen gibt es im AddF aber eine, die, zunächst ganz unvermutet, zu so etwas wie einer ständigen Begleiterin geworden ist. Und deshalb soll am Schluss dieser Geschichte der ersten 40 Jahre des AddF noch einmal Elisabeth Selbert erwähnt werden, deren Nachlass das AddF im Jahr 2000 übernahm und für dessen Bearbeitung es, nebenbei bemerkt, damals den ersten erfolgreichen Antrag bei der Deutschen Forschungsgemeinschaft (DFG) verbuchen konnte.

Elisabeth Selbert ist eine der großen Töchter der Stadt, inzwischen wird sie in Kassel und in ganz Hessen auch als solche wahrgenommen. Straßen, Säle und ganze Gebäude tragen ihren Namen, regelmäßig gibt es Veranstaltungen zu Grundgesetz-Jubiläen, runden Geburts- und Todestagen, fast immer unter Beteiligung des AddF, das einen Vortrag oder die Präsentation von Exponaten aus dem Nachlass beisteuert. Dahinter steckt nicht nur lokale Verbundenheit, sondern vor allem Elisabeth Selberts unbestreitbare Bedeutung für den Aufbau eines demokratischen Staatswesens und die Gleichstellung der Geschlechter.

Sie wurde deshalb auch 2020 zum Anknüpfungspunkt der Mitarbeit des AddF in der •*Arbeitsgemeinschaft Orte der Demokratiegeschichte*. Im *Hambacher Manifest* zur Demokratiegeschichte heißt es; „Demokratiegeschichtliche Erinnerungsorte sind Orte der gesellschaftlichen Diskussion zu Gestaltung und Gefährdung von Freiheit, Gerechtigkeit, Grund- und Menschenrechten. Demokratische Teilhabe und Zivilcourage sollen angeregt werden." Und: „Durch die Auseinandersetzung mit den demokratischen und freiheitlichen Traditionen sollen Respekt gegenüber demokratischen Einrichtungen und die Bereitschaft, sich gesellschaftlich zu engagieren, gefördert werden (…) Demokratie, Grund- und Menschenrechte sind nicht selbstverständlich. Sie müssen immer wieder aufs Neue erkämpft und verteidigt werden."[28] Das ist im Geiste von Elisabeth Selbert ebenso wie im Selbstverständnis des AddF verankert.

Der 125. Geburtstag von Elisabeth Selbert im Jahr 2021 wurde mit der Enthüllung einer Bronzestatue in der Innenstadt und einem Festakt der Stadt Kassel begangen. Dazu reiste auch Bundespräsident Frank-Walter Steinmeier mit seiner Ehefrau Elke Büdenbender an. Bei dieser Gelegenheit besuchten sie das AddF als •*Ort der Demokratiegeschichte* und ließen sich den Nachlass von Elisabeth Selbert zeigen. In der Rede, die der Bundespräsident später zur Eröffnung des Festaktes in der alten Brüderkirche hielt, bekam das AddF dann Lob von höchster Stelle: „Wir brauchen solche Orte, wir brauchen sie, weil sie uns bewusst machen, wie viel wir den engagierten Frauen zu verdanken haben, wie wichtig es aber auch ist, ihre Errungenschaften immer wieder aufs Neue zu verteidigen und auszubauen. All jenen, die mithelfen, die Erinnerung an diese Hälfte unserer Demokratiegeschichte wachzuhalten, gilt heute auch mein ganz herzlicher Dank."[29] Wer hätte sich 1984 so etwas vorstellen können?!

28 Orte der Demokratiegeschichte-Website https://kurzelinks.de/eiww Zugriff 16.10.2023.

29 Ansprache Bundespräsident Frank-Walter Steinmeier, Festakt zum 125. Geburtstag von Elisabeth Selbert, Kassel, 21. September 2021, https://kurzelinks.de/leca Zugriff 21.09.2023.

Trotz alledem und bei allem Respekt: nein, das AddF wird nicht den Namen Elisabeth-Selbert-Archiv annehmen. Es ist und bleibt ein Ort für die ganze Frauenbewegung, sei sie bürgerlich, proletarisch, konfessionell, flügelübergreifend, unabhängig ... – es beherbergt, erforscht und präsentiert die Unterlagen von Gemäßigten, Radikalen, Feministinnen, Frauenrechtlerinnen und auch solchen, die sich solche Bezeichnungen verbaten (zum Beispiel Elisabeth Selbert!). Es geht um die Geschichte weiblicher Emanzipationsbestrebungen, wie auch immer sie sich äußerten oder selbst bezeichneten.

↓ Hoher Besuch im Lesesaal des AddF: Bundespräsident Frank-Walter Steinmeier und Elke Büdenbender, begleitet vom Kasseler Oberbürgermeister Christian Geselle und der Hessischen Staatssekretärin Anne Janz (Mitte)

AUSBLICKE

2024

NATÜRLICH IST NOCH EINE MENGE ZU TUN

Es ist viel passiert in diesen 40 Jahren.

Die drei Säulen des AddF sind tragfähig. Das Konzept, Archiv und Bibliothek sowohl mit eigenen Forschungen als auch mit engagierter Bildungs- und Öffentlichkeitsarbeit in drei gleichwertigen Bereichen zu kombinieren, hat sich als produktiv und sinnvoll erwiesen. Die Konstruktion ist zukunftsfähig und wird beibehalten werden. Das AddF hat sich einen festen Platz in der feministischen Geschichtsschreibung erarbeitet und mit der Stiftung eine sehr gute organisatorische Grundlage geschaffen. Haupt-, neben- und ehrenamtliche Mitarbeiterinnen, Vorstand und Komitee, Freundinnen und Stifter:innen haben mit vereinten Kräften einen Ort geschaffen, der Erhebliches dazu beiträgt, Karin Hausens Lagebeschreibung von 1983: *Frauen suchen ihre Geschichte* zu ergänzen um den Satz:

• *Frauen finden ihre Geschichte.*

Und diese Geschichte ist vielfältig. Da gab es die Schwestern im Geiste, deren Mut und Energie wir noch heute bewundern und die sich als Vorbilder eignen. Aber es gab eben auch durchaus Widersprüchliches. Wenn sich engagierte Pazifistinnen zugleich für ‚Rassenhygiene' aussprachen, wenn Vorkämpferinnen der Frauenberufsarbeit den Kolonialismus unterstützten oder wenn

↓ Handbuch der Frauenbewegung erschienen von 1901–1906

eine Frau nicht in den Vorstand des Bundes Deutscher Frauenvereine gewählt wurde, weil sie Jüdin war, dann wird die zeitgeschichtliche Gebundenheit mancher Protagonistinnen deutlich. Auch über Weg und Ziel herrschte keineswegs immer Einigkeit. Schon in der Weimarer Republik gab es Frauenrechtlerinnen, die den § 218 abschaffen wollten und andere, für die das undenkbar war. Der Streit um den ‚richtigen' Feminismus ist so alt wie die Frauenbewegung. Und auch Geschlechterzuschreibungen wurden zum Beispiel mit Diskussionen um das ‚dritte Geschlecht' bereits um die Wende vom 19. ins 20. Jahrhundert thematisiert.

Mit der Schwerpunktsetzung auf die Sammlung, Erforschung und Vermittlung der Geschichte der Frauenbewegung in Deutschland mit all ihren Höhepunkten, Erfolgen, Niederlagen und Widersprüchen hat das AddF einen thematischen Zugang umgesetzt, der vorher nicht beachtet worden war und eine einzigartige Einrichtung geschaffen, die es so kein zweites Mal in Deutschland gibt. Nur dadurch ist es heute möglich, diese Geschichte in ihrer ganzen Komplexität zu erzählen und zu erkennen, welchen Anteil Frauen durch die Jahrhunderte mit ihren Aktivitäten, Organisationen und Einrichtungen an der gesellschaftlichen Entwicklung und auch an der Demokratiegestaltung hatten.

Im Laufe der Jahrzehnte gab es dafür viel Anerkennung, das sei hier abschließend noch einmal zusammengefasst: Das AddF bekam den Kulturförderpreis der Stadt Kassel und den •*Hessischen Archivpreis*, wurde Ort im *Land der Ideen* und als *national wertvolles Archiv*[30] eingestuft. Der Elisabeth-Selbert-Preis ging für journalistische Arbeiten an das Ariadne-Team – das waren damals Gilla Dölle, Silke Mehrwald, Cornelia Wenzel und Kerstin Wolff – und ein Jahr später für ihre Dissertation an Kerstin Wolff, die zudem 2019 mit dem *Gleichstellungsförderpreis der Evangelisch-Lutherischen Kirche in Bayern* ausgezeichnet wurde.

30 Kulturgutschutz-Website https://kurzelinks.de/olhk Zugriff 22.02.2024.

→ Zitat rechts: Elisabeth Selbert: Mut haben, sich Freiraum zu erobern. Kein Gemeinschaftsleben ohne Gleichberechtigung der Frau, in: Sozialdemokratischer Pressedienst, 35. Jg., Nr. 98 vom 23. Mai 1980, S. 6.

→ Bild: Verleihung des Elisabeth-Selbert-Preises 2001

„Natürlich ist noch eine Menge zu tun."

Elisabeth Selbert

Gilla Dölle trägt die Goldene Ehrennadel der Stadt Kassel, Sabine Hering erhielt das Bundesverdienstkreuz für ihr Bestreben, die Frauenbewegung als „wichtige[s] Kapitel der deutschen Freiheitsgeschichte im kollektiven Gedächtnis zu bewahren". – So viel Ehre!

→ Verleihung des Bundesverdienstkreuzes an Sabine Hering, 2018

Ist das AddF also eine Erfolgsgeschichte? Ja, ganz sicher – aber ... Es bleibt noch so viel zu tun – viel zu sammeln, viel zu forschen, viel zu publizieren. Es gilt, weiterhin Überzeugungsarbeit zu leisten für die Bedeutung feministischer Geschichte, für die konstante Förderungswürdigkeit dieser Einrichtung, für die Wichtigkeit der Überlieferung, Erforschung und Verbreitung weiblicher Emanzipationsbestrebungen. Und nicht zuletzt für die Bedeutung all dessen zur Erhaltung und Stärkung der Demokratie in diesen bedrohlichen Zeiten.

Und deshalb freut sich das AddF zum Jubiläum über Lob und Ehre, aber es braucht auch ganz handfeste Unterstützung, vor allem in zwei Punkten.

↓ Verleihung des Kulturförderpreises der Stadt Kassel, 1991

↑ Verleihung des Argula von Grumbach-Preises an Kerstin Wolff, 2019

→ Verleihung des Hessischen Archivpreises, 2008

DIAMONDS ARE A GIRL'S BEST FRIEND

Die institutionelle Förderung durch das Land Hessen ist großartig, ebenso die stetige Projektförderung durch das Bundesministerium für Familie, Senioren, Frauen und Jugend. Dennoch steht nach wie vor die eindeutige Anerkennung auf Bundesebene aus. Die Bundesbeauftragten für Kultur und Medien sind seit vielen Legislaturperioden in der Bringschuld, nicht nur dem AddF und den Lesben-/Frauenarchiven, sondern all den aus den Neuen Sozialen Bewegungen heraus entstandenen Einrichtungen gegenüber, die seit Jahrzehnten selbstorganisiert unter fragilen Bedingungen diesen Teil der gesellschaftlichen Überlieferung organisieren und gewährleisten, den die staatlichen Archive nicht leisten können.[31] Dieser in Fachkreisen längst unstrittigen Tatsache müssen endlich auch die politisch Verantwortlichen auf Bundesebene mit der Einrichtung von verlässlichen Fördermöglichkeiten Rechnung tragen: Dafür muss Geld bereitgestellt werden – ausreichend, dauerhaft und zuverlässig.

31 Vgl. dazu: Verband deutscher Archivarinnen und Archivare (Hrsg.): Positionspapier zu den Überlieferungen der Neuen Sozialen Bewegungen, Fulda 2016. VdA-Website https://kurzelinks.de/rus6 Zugriff 15.12.2023.

GEKOMMEN, UM ZU BLEIBEN – ABER WO?

Das AddF ist heute fest verankert in der Archivlandschaft, im Diskurs der Frauen- und Geschlechtergeschichte und in der Region. In 40 Jahren ist es zweimal umgezogen, denn es wuchs immer schneller als vermutet und das ist ja an sich ein gutes Zeichen! Aber auch der jetzige Standort platzt seit Jahren aus allen Nähten. Die Außendepots sind randvoll, die Mitarbeiterinnen sitzen in drangvoller Enge. Ein Umzug in größere Räumlichkeiten mit ausreichenden Arbeitsräumen und auf Zuwachs ausgerichteten Magazinkapazitäten ist dringend, sehr dringend, nötig!

Und so bleibt nur, frohgemut und entschlossen weiterzumachen und Elisabeth Selbert zuzustimmen: Ja, es ist noch eine Menge zu tun!

STAND DER DINGE

Was steckt in der Sammlung des AddF?

Die Sammlung ist mit ca. 70.500 Datensätzen[1] erschlossen. Davon sind 47.500 Bibliotheksgut. 23.000 Datensätze geben Einblick in erschlossenes Archivgut – darunter 43 Nachlässe, 21 Aktenbestände, 350 Sammlungen und 6.000 Fotos.

950 REGALMETER ARCHIVGUT

↑ 68 Nachlässe und 59 Aktenbestände

↑ Im Fotoarchiv sind mindestens 12.000 Fotos und Druckgrafiken enthalten

850 REGALMETER BIBLIOTHEKSGUT

Davon sind 610 Regalmeter Monografien und Broschüren

27 REGALMETER[6] PRESSEDOKUMENTATION[7]

1 Ein Datensatz umfasst die inhaltliche und formale Beschreibung der Quelle, dies kann ein Buch, eine Akte, ein einzelner Brief oder ein Foto etc. sein. Er enthält Angaben wie z. B. Titel, Verfasser:in, Erscheinungsjahr, Signatur ebenso wie nähere Informationen zum Inhalt.

2 Dazu gehören u.a.: Alltag, Arbeit, Frauenbewegung international, Haushalt, Krieg/Frieden, Parteien, Sexualität, Sittlichkeit, Sport.
Alle Themen sind auf der Website aufgelistet.

3 Körperschaften sind Vereine, Verbände, Organisationen, Einrichtungen etc.

4 Periodika sind Veröffentlichungen, die mehr oder weniger häufig, aber regelmäßig erscheinen. Hierzu zählen z. B. Zeitschriften, Vereinsmitteilungen, Illustrierte, Adressbücher etc.

In den Sammlungen kann zu 54 Themen[2], 196 Personen und 100 Körperschaften[3] recherchiert werden

Es können 6.500 Titel auf Microfiche[5] angesehen werden

210 Regalmeter Periodika[4]

Das sind ca. 2.560 Titel

30 Regalmeter Nachschlagewerke

5 Microfiche ist die Bezeichnung für auf Flachfilm verkleinerte Abbildungen analoger Vorlagen. Am meisten verbreitet ist das Format 105 mm × 148 mm.

6 Als Regalmeter bezeichnet man eine Maßeinheit in Bibliotheken oder Archiven. Ein laufender Meter Akten entspricht 12 7,5 cm breiten, aneinandergereihten DIN-A4-Aktenordnern.

7 In der Pressedokumentation werden Primär- und Sekundärquellen zusammengetragen, die einen ersten Einblick in die Geschichte der Frauenbewegung und ihrer Protagonistinnen ermöglichen. Sie enthält u. a. Artikel, lexikalische Einträge und Quellenhinweise.

Wieviele Publikationen sind bisher erschienen?

← Band 16 halten Sie in den Händen

Dafür wurden ca. 660 Artikel geschrieben

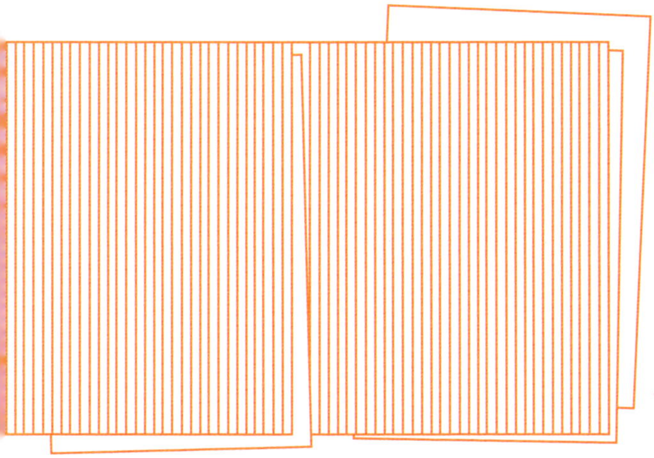

Die 80. Ausgabe erscheint 2024

Das AddF hat seit 1984 über 25 Forschungs-projekte durchgeführt!

Wie wird Wissen geteilt?

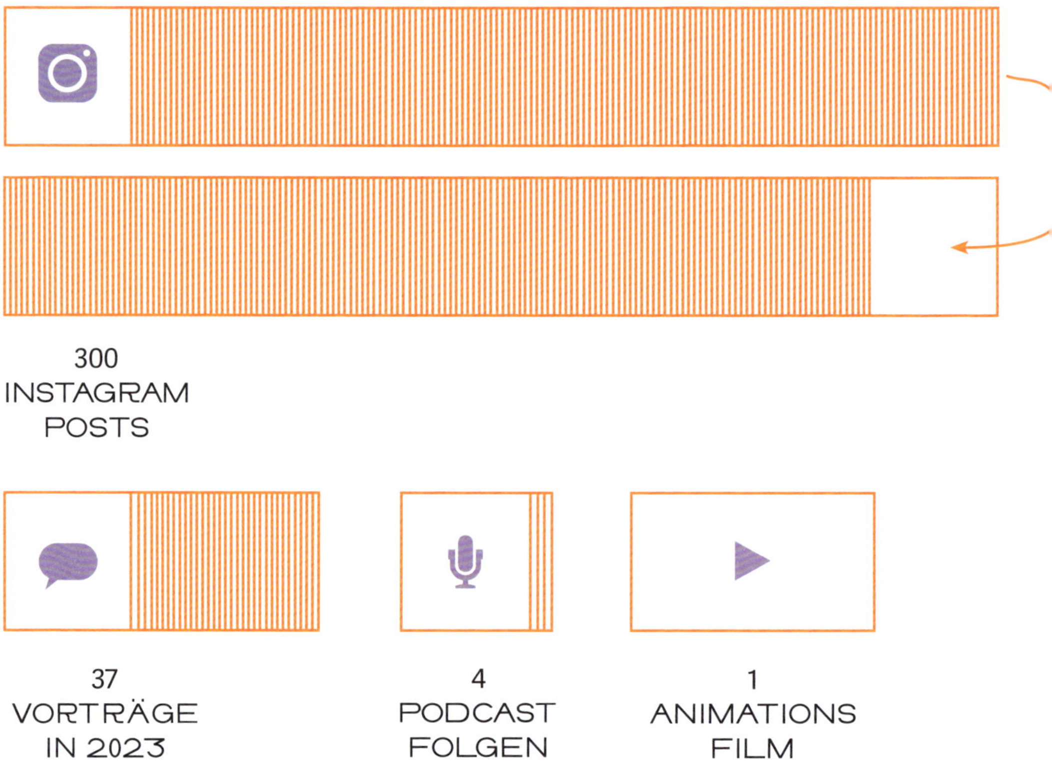

2023
haben 20 Gruppen
und mehr als 200 Personen
an Führungen teilgenommen.

Die Website des AddF hatte 2023 ca. 230.000 Seitenaufrufe. Die Online-Kataloge wurden ca. 735.000 Mal aufgerufen

Wer bringt sich im AddF ein?

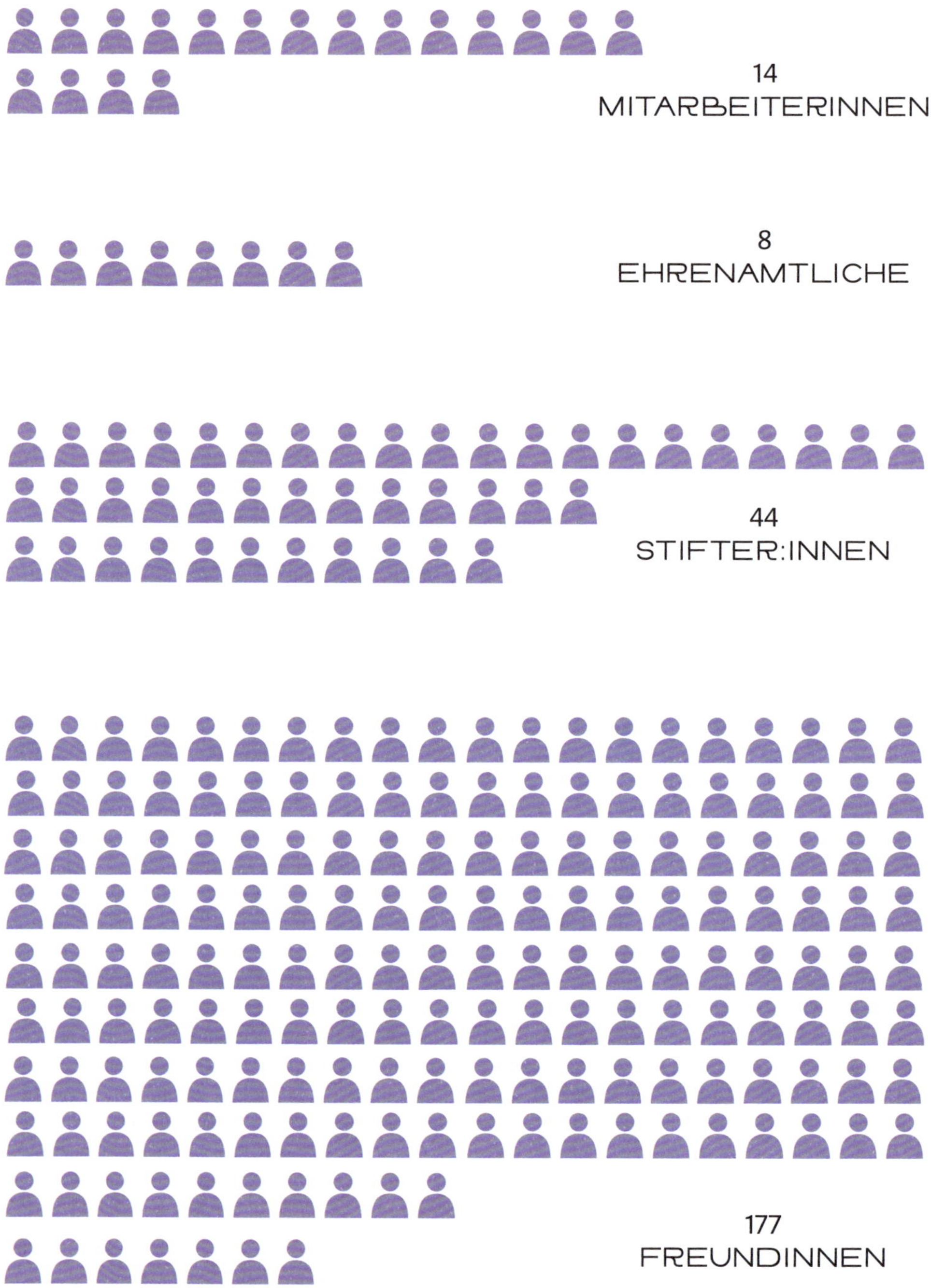

VORSTAND

Prof. Dr.in Susanne Kinnebrock, Henny Engels, Prof. Dr.in Mechthild Bereswill

KOMMITEE

Rebecca Beerheide, Deutsches Ärzteblatt Berlin;
Anke Buettner, Leitung Monacensia im Hildebrandhaus, München;
Beate Dörr, Landeszentrale für politische Bildung Baden-Württemberg;
Prof. Dr.in Susanne Freund, Fachhochschule Potsdam;
Dr.in Andrea Hänger, Vizepräsidentin, Bundesarchiv Koblenz;
Dr.in Dorothee Lux, HMWK;
Claudia Martin-Konle, Bibliotheksdirektorin, Universitätsbibliothek Kassel;
PD. Dr.in Mieke Roscher, Universität Kassel;
Prof. Dr.in Susanne Schötz, Technische Universität Dresden;
Deutscher Frauenrat

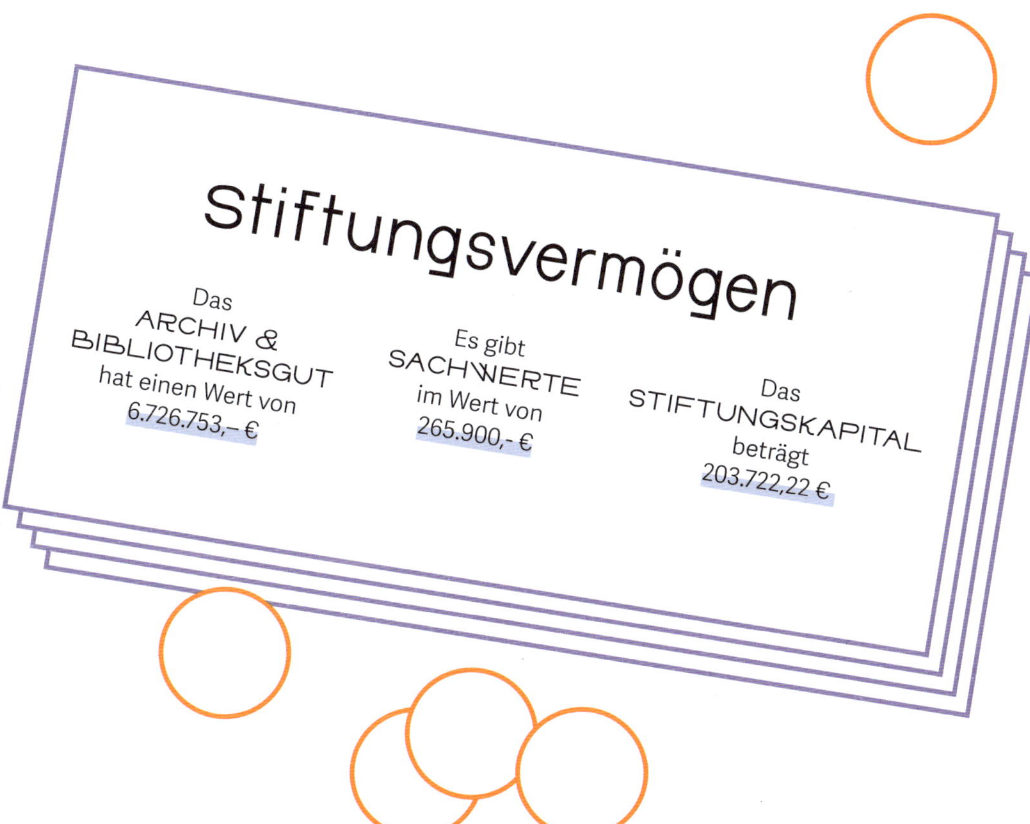

Stand 31.12.2023

→ Bild nächste Seite: Team des AddF, 2023

KURZ-BIO-GRA-PHIEN
A
AN
BA
BE
BI
BO
BR
BU
C
DA
LOU ANDREAS-SALOMÉ
LOU ANDREAS-SALOMÉ 2
MATHILDE FRANZISKA ANNEKE
HANNAH ARENDT
BETTINE VON ARNIM
LOUISE ASTON
MARIE BAUM
EMMY BECKMANN
SIMONE DE BEAUVOIR
ALICE SALOMON 1
ALICE SALOMON 2
SOPHIE SCHOLL
DO
DU
E
FA
FR
GA
LILY BRAUN
CHARLOTTE BÜHLER
FRIEDA VON BÜLOW
MARIE CALM
HEDWIG DOHM
HE
HI
HO
HU
I
LA
LE
LI
MA
O
PA
PI
SI
STA
STI
SU

SCHULENBURG
JEANETTE SCHWERIN
ELISABETH SELBERT 1
ELISABETH SELBERT 2
TONI SENDER
ANNA SIEMSEN
1848
ABSTINENZ-BEWEGUNG
ADEL
ÄRZTINNEN
ALTE JUNGFERN
ALLTAG
ANARCHISTINNEN
ANTIFEMINISMUS
ANTISEMITISMUS
MEDIZINGESCHICHTE
MENSTRUATION
FRANZISKA TIBURTIUS
MARGARETE TREUGE
ANTISEMITISMUS UND FRAUENBEWEGUNG 1
ANTISEMITISMUS UND FRAUENBEWEGUNG 2
ARCHIVE
MODE
NATIONAL SOZIALISMUS 1
NATIONAL SOZIALISMUS 2
NATIONAL SOZIALISMUS 3
BILDUNG
TANZ
TRANSVESTITEN

ANHANG

Bildinformationen und -nachweise

BILDNACHWEISE

8 Laurence Chaperon

10 Paul Schneider / Hessische Staatskanzlei

11 Stadt Kassel

13 links: Lesben- und Schwulenverband (LSVD) e.V.

38, 42 unten, 78/3, 79/6, 91/20 Sonja Rode / AddF

110/34 Christina Hein

144 i.d.a. - informieren, dokumentieren, archivieren e.V.

146 Digitales Deutsches Frauenarchiv / Tanja Schnitzler

155 Stadt Kassel

157 Bundesregierung / Karsten Socher

166 oben: Bundesregierung / Gero Breloer

Soweit nicht anders angegeben liegen die Bildrechte beim Archiv der deutschen Frauenbewegung.

WHO IS WHO

32 v.l.n.r stehend: Gilla Dölle, Hanne Wiedner, Sabine Hering, Ursula Wagner, Dorothea Lippert, Andrea Wahlfeldt, Marianne Schmidbaur sitzend v.l.n.r.: Cornelia Wenzel, Jutta Harbusch

34 oberes Bild v.l.n.r.: n.n., Petra Klos, Jutta Harbusch, Sabine Hering; unteres Bild v.l.n.r.: Jutta Harbusch, Sabine Hering, N.N., Cornelia Wenzel, Gudrun Maierhof

35 v.l.n.r.: Cornelia Wenzel, Gudrun Meierhof, Gilla Dölle, Silke Mehrwald, Leonie Wagner, Rosa M. Winheim

46/47 hintere Reihe v.l.n.r.: Sabine Hering, Gilla Dölle, Brigitte Vogler, Hanne Wiedner, Heike Hiebenthal

47 oben v.l.n.r.: Marieke Kramer (IIAV Amsterdam), Prof. Dagmar Jank, Prof. Dr.in Rosemarie Schade, Prof. Dr.in Ute Gerhard; unten v.l.n.r.: Dr.in Andrea Hänger, Bea Dörr, Prof. Dr.in Susanne Freund, Prof. Dr.in Susanne Schötz, Claudia Martin-Konle, Prof. Dr.in Mechthild Bereswill, Prof. Dr.in Susanne Kinnebrock, Henny Engels

78/79, 90/91, 102/103, 110/111 AKTEURINNEN IM ADDF VON 1984–2023

Mette Bartels 25,42 | Tamara Block 3,29 | Elke Bockhorst 42 | Claudia Böllersen 9,23,42 | Inge von Bönninghausen 5,37 | Gilla Dölle 2,4,8,9,11,22,23,27,33,34,38, 40,42 | Helke Dreier 3,6,25,28,42 | Elke